实战图解操盘绝技系列

股市有风险　入市需谨慎

实战图解
均线技术

赵　信◎著

┃均线指引趋势方向┃五周均线头下行买点┃五日均线头下行买点┃

┃均线底部形态买点┃均线顶部形态卖点┃葛兰碧八大买卖点┃

经济管理出版社
ECONOMY & MANAGEMENT PUBLISHING HOUSE

图书在版编目（CIP）数据

实战图解均线技术/赵信著. —北京：经济管理出版社，2015.8
ISBN 978-7-5096-3922-1

Ⅰ.①实… Ⅱ.①赵… Ⅲ.①股票交易—基本知识 Ⅳ.①F830.91

中国版本图书馆 CIP 数据核字（2015）第 203971 号

组稿编辑：勇　生
责任编辑：勇　生　王　聪
责任印制：黄章平
责任校对：车立佳

出版发行：经济管理出版社
（北京市海淀区北蜂窝 8 号中雅大厦 A 座 11 层　100038）
网　　址：www. E-mp. com. cn
电　　话：(010) 51915602
印　　刷：三河市延风印装有限公司
经　　销：新华书店
开　　本：720mm × 1000mm/16
印　　张：13.75
字　　数：172 千字
版　　次：2015 年 11 月第 1 版　2015 年 11 月第 1 次印刷
书　　号：ISBN 978-7-5096-3922-1
定　　价：38.00 元

前　言

均线指标是所有技术指标里最容易入门，也是最难以精通的指标。说它容易入门，是因为只要有一定炒股知识的投资者，都已经多少掌握了一些均线指标的基本用法，包括阻力、支撑、金叉、死叉、多头排列、空头排列等均线形态，是投资者进入股市初期就会学到的最基础的知识。

说它难以精通，是因为虽然有很多投资者会用均线，但其中只有很少一部分会用均线赚钱。大多数投资者都只是知道均线的基本用法，但是如何用这些方法赚到钱，就是另一回事了。

因此，无论投资新手还是炒股老手，都需要学习均线的知识。这本书就是写给所有需要学习均线知识的投资者。

为了兼顾不同层次投资者的需求，本书在写作过程中突出了几个特点：

第一，入门讲解。书中从均线的基本构造开始讲起，零起点的投资新手可以获得入门知识，炒股老手也可以补充自己这方面知识的缺失。

第二，图例丰富。为了讲解均线的应用方法，本书中使用了大量的实战操作图例辅助讲解。阅读时，投资者可以身临其境地体会均线在实战中的具体用法。

第三，买卖点明确。本书中对于均线的应用形态，都在图例中标出了具体的买点或者卖点。投资者可以明确知道在什么时间买入股票，

在什么时间卖出股票。

第四，多方面知识结合。本书不是把均线作为一个独立的系统进行讲解，而是将它与其他分析方法融合起来作为一个整体。通过本书，投资者可以学会使用均线和 K 线、成交量、MACD 指标等不同分析方法结合，对股价走向进行立体化的分析。

本书既是炒股新手的入门课程，同时也是炒股老手的提高课程。

欢迎读者加 QQ：963613995 交流。

目　录

第二章　实战图解均线的基本买卖点

第一章　实战图解均线入门

第一节　均线指标的调用

一、软件中使用均线指标

均线（MA）是移动平均线的简称，是股票分析过程中最常用的技术指标。

在炒股软件中的 K 线界面上，均线指标是被默认显示的。围绕 K 线上下波动的一组彩色曲线就是软件里的均线，如图 1-1 所示。

如果软件的界面里没有显示均线指标，投资者可以在软件里输入"MA"+按〈Enter〉键，就能调用均线指标，如图 1-2 所示。

二、从计算公式理解均线

均线指标的计算方法是计算当前交易日与其之前多个交易日之收盘价的平均值。具体计算公式如下：

$$MA(N) = (C_1 + C_2 + \cdots + C_N)/N$$

例如，5 日均线，就是计算包括当前交易日在内的 5 个交易日的

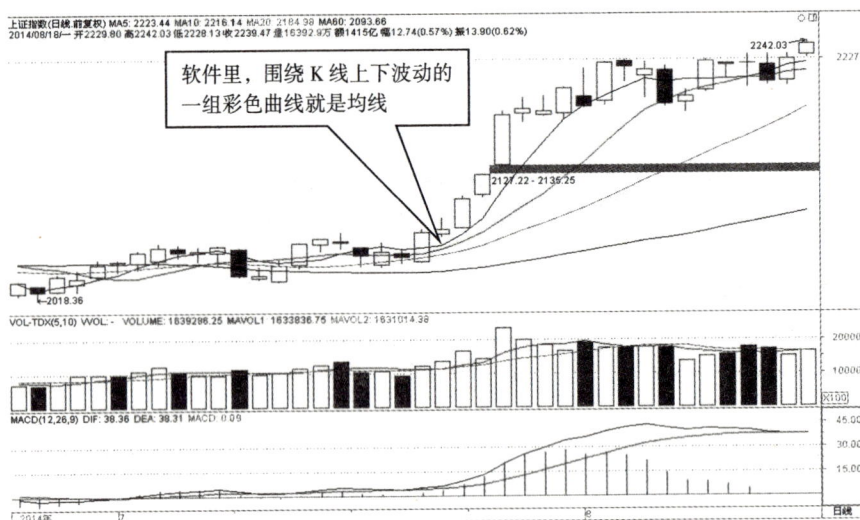

上证指数(日线 前复权) MA5: 2223.44 MA10: 2216.14 MA20: 2184.98 MA60: 2093.66
2014/08/18/一 开2229.80 高2242.03 收2228.13收2239.47 量16392.9万 额1415亿 幅12.74(0.57%) 振13.90(0.62%)

软件里,围绕 K 线上下波动的一组彩色曲线就是均线

VOL-TDX(5,10) VOL: - VOLUME: 1839296.25 MAVOL1 1633836.75 MAVOL2 1831014.38

MACD(12,26,9) DIF: 38.36 DEA: 38.31 MACD: 0.09

图 1-1　软件里的均线

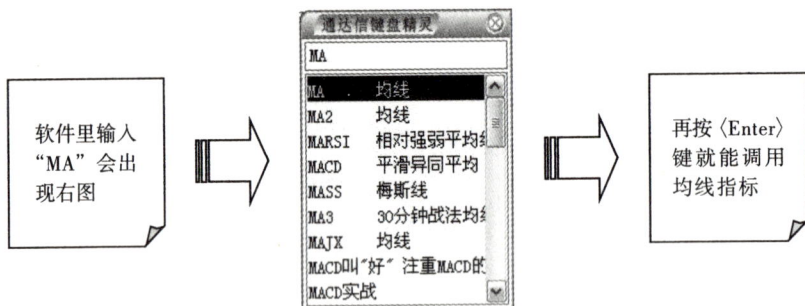

软件里输入"MA"会出现右图

再按〈Enter〉键就能调用均线指标

图 1-2　软件里调用均线指标

移动平均值得到的移动平均线的计算,如图 1-3 所示。

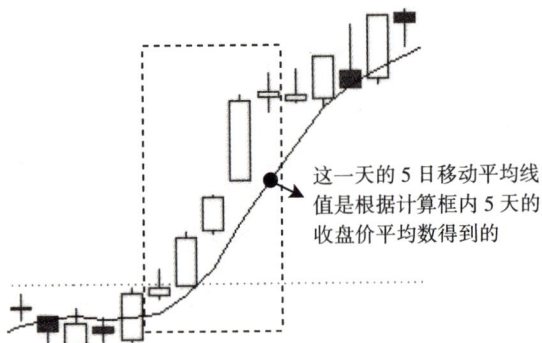

这一天的 5 日移动平均线值是根据计算框内 5 天的收盘价平均数得到的

图 1-3　移动平均线的计算

按照这种方法，计算每一天的 5 日移动平均值，然后将其用线连接起来，就可以得到走势的 5 日移动平均线，简称为 MA5。

计算多个周期的移动平均线，将其在同一张 K 里显示，就是我们常见的均线指标了，如图 1-1 所示。

三、均线的参数优化

当软件界面里显示均线指标时，在软件的左上角可以看到当前显示的均线周期以及每一个周期均线在当前的具体数值。均线的参数如图 1-4 所示。

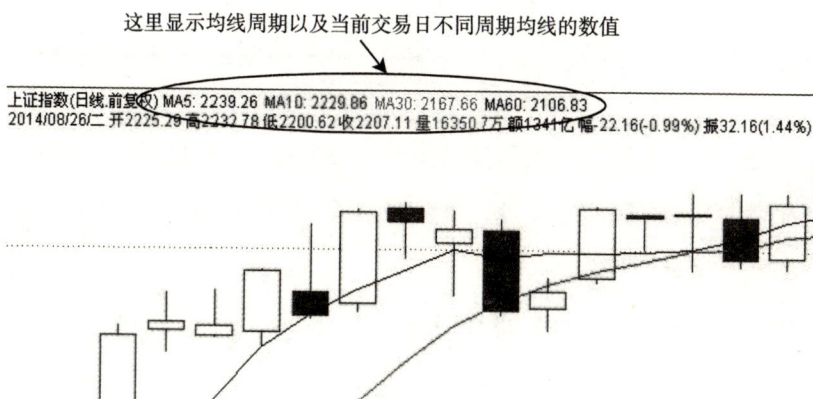

这里显示均线周期以及当前交易日不同周期均线的数值

上证指数(日线,前复权) MA5: 2239.26 MA10: 2229.86 MA30: 2167.66 MA60: 2106.83
2014/08/26/二 开2225.29 高2232.78 低2200.62 收2207.11 量16350.7万 额1341亿 幅-22.16(-0.99%) 振32.16(1.44%)

图 1-4　均线的参数

软件中显示的均线周期并不是一直不变的。选中某一条均线后，单击鼠标右键，可以找到"调整指标参数"选项，选中后就可以修改需要的均线周期参数了，如图 1-5 所示。

在实战的过程中，常用的均线组合主要有以下几组。

第一是 5 日、10 日、30 日、60 日均线的组合。这个组合比较适合做中短线的操作。

第二是 20 日、60 日、120 日、250 日均线的组合。这个组合比较适合做中长线的操作。

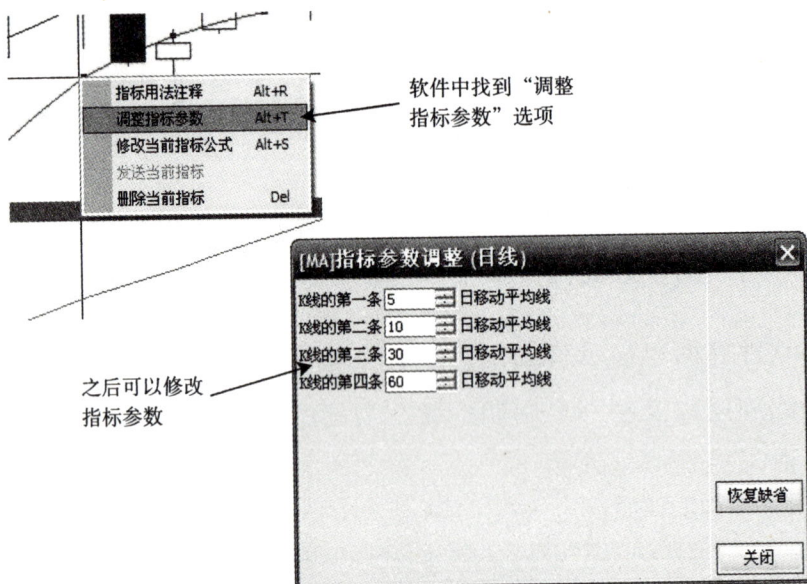

图 1-5　修改均线的参数

第三是 5 日、8 日、13 日、21 日、34 日、55 日等以斐波那契数列为基础构建的均线组合。这个组合适合在正常周期均线失效的情况下，分析市场行情走势。

远光软件日 K 线 1 如图 1-6 所示。

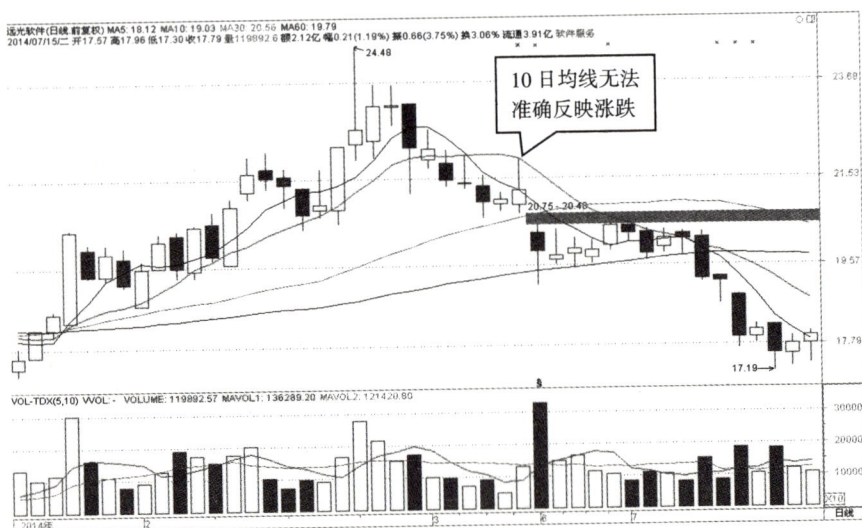

图 1-6　远光软件日 K 线 1

如图 1-6 所示，从 2014 年 1 月开始，远光软件（002063）先涨后跌。在这段走势中，如果用 5 日、10 日、30 日、60 日均线的组合，很难准确判断涨跌趋势。10 日均线在上涨过程中多次被跌破，而在之后的下跌过程中又多次被突破。

远光软件日 K 线 2 如图 1-7 所示。

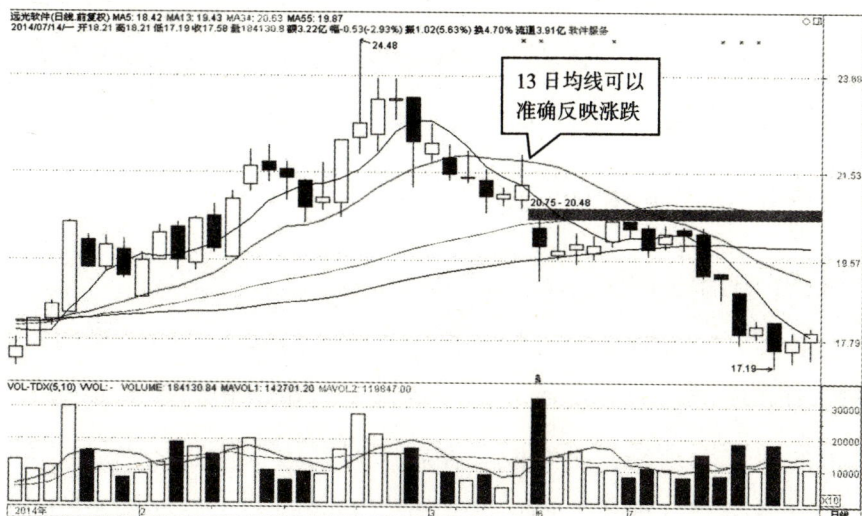

图 1-7　远光软件日 K 线 2

如图 1-7 所示，如果将远光软件这段日 K 线中的均线周期改成 5 日、13 日、34 日、55 日均线的组合，可以发现 13 日均线在上涨过程中是有效的支撑线。股价跌破这根均线后，开始了下跌行情。在随后的下跌行情中，13 日均线又多次成为反弹的主力。投资者利用这根特殊周期的均线，可以准确判断这段时期的行情走向。

第二节　均线的应用方法

均线是一种非常灵活的技术指标。投资者利用均线指标判断未来的行情走向时，可以单独使用一根均线，可以多根均线配合使用，还可以用均线和其他指标配合使用。

一、单根均线使用

（1）单根均线上涨。

均线可以反映股价运行的趋势。当均线持续上涨时，说明市场处于持续的上涨过程中。这样的情况下投资者可以积极买入股票。上涨的这根均线周期越长，说明股价在越长时间内保持上涨趋势，这样的信号也就越适合进行长线操作。相反，上涨的均线周期越短，该信号就越适合做短线操作。

中冠 A 日 K 线如图 1-8 所示。

2014 年 10~12 月，中冠 A（000018）的 30 日均线持续上涨。这样的形态说明股价在中期内处于持续的上涨行情中。在这个过程中，投资者可以积极做多买入股票。

（2）单根均线下跌。

当均线持续下跌时，说明股价在一段时间内处于持续的下跌行情中。这样的情况下投资者应该谨慎操作，如果手里持有股票，还应尽快卖出。与上涨是同样道理，下跌均线的周期越长，说明下跌行情持续的时间越久，股价在越长的周期内处于持续下跌行情中。

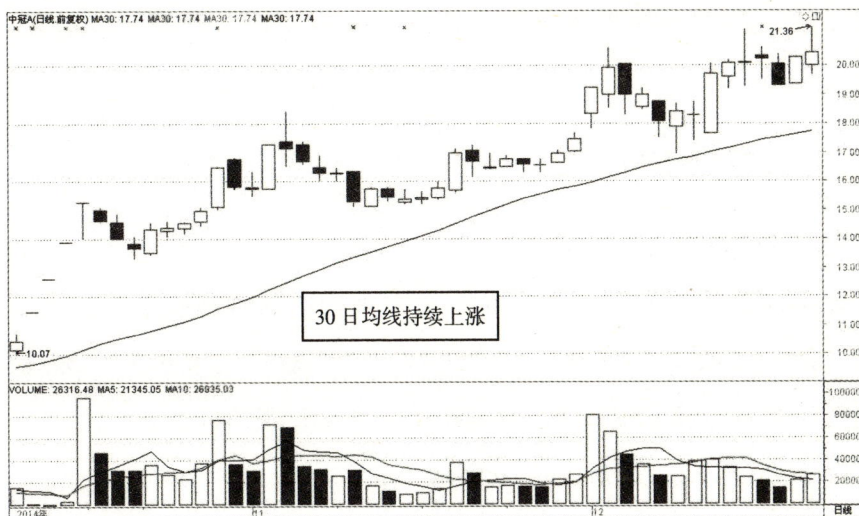

图 1-8　中冠 A 日 K 线

中煤能源日 K 线如图 1-9 所示。

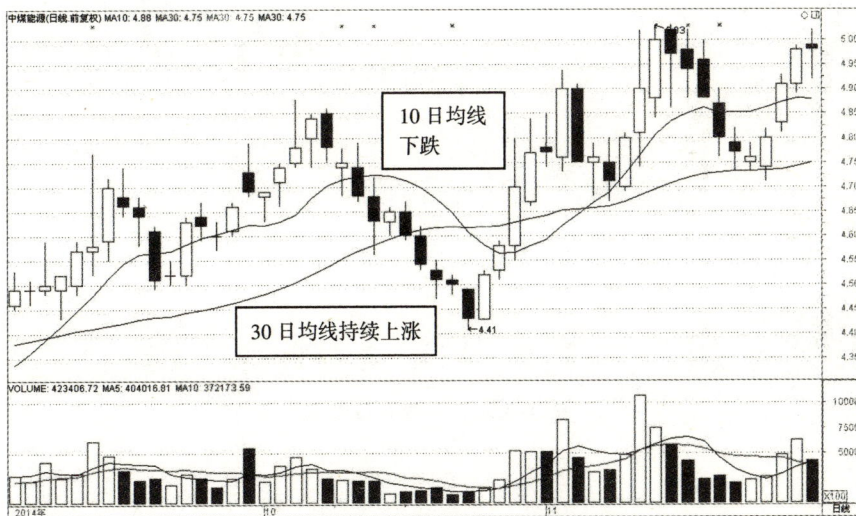

图 1-9　中煤能源日 K 线

如图 1-9 所示，2014 年 11 月，中煤能源（601898）的 10 日均线开始下跌。这说明股价在短期内已经进入下跌行情。在这样的情况下，如果是短线投资者，应该尽快将手中的股票卖出。

同时，该股的 30 日均线却持续上涨。这说明该股从中期看处于持续的上涨行情中。如果是中线投资者，可以不用太在意短线波动，一直持有该股。

二、多根均线使用

（1）均线间的交叉。

如果两条均线间形成交叉时，对未来行情的判断有重要意义。

当短期均线向上突破长期均线时，说明短期内股价的上涨趋势已经超过了长期上涨趋势。股价短期内有加速上涨的迹象。

隆平高科日K线如图1-10所示。

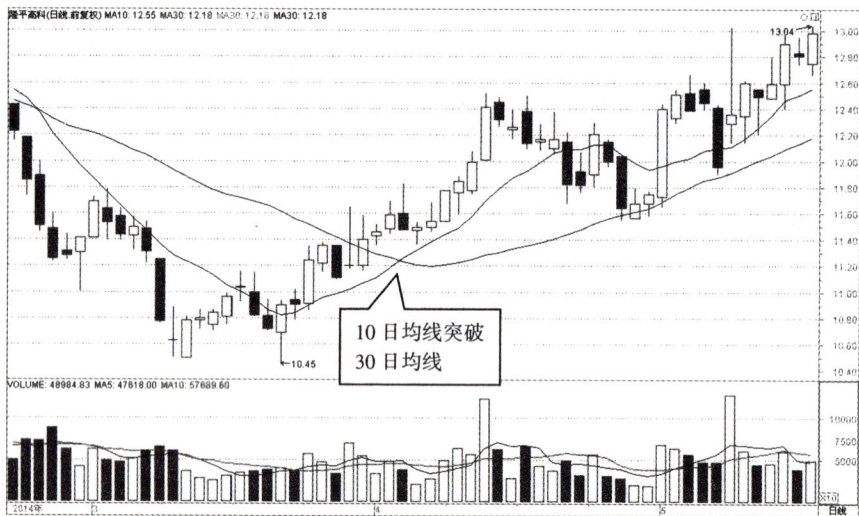

图1-10　隆平高科日K线

如图1-10所示，2014年4月初，隆平高科（000998）的10日均线向上突破其30日均线。这个形态说明股价在短期内有加速上涨的迹象。看到这样的形态，投资者可以积极买入股票。

当短期均线跌破长期均线时，说明股价短期内的下跌速度超过长期下跌速度，在短期内有加速下跌的趋势。看到这样的形态，投资者应该尽快卖出股票。

中体产业日 K 线如图 1-11 所示。

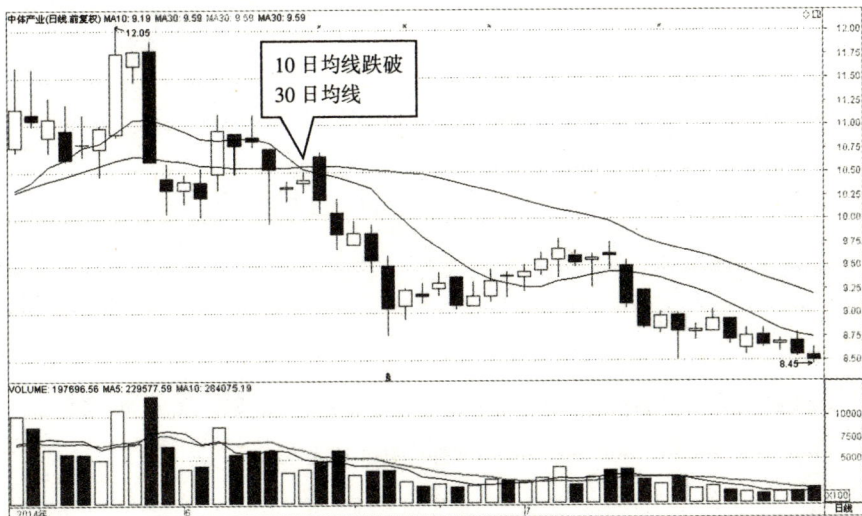

图 1-11　中体产业日 K 线

　　如图 1-11 所示，2014 年 6 月，中体产业（600158）股价下跌过程中，其 10 日均线向下跌破了 30 日均线。这个形态说明股价处于加速下跌的行情中。看到这样的形态，投资者应该尽快卖出手中的股票。

　　（2）均线间的支撑和阻力。

　　长期均线可能会对短期均线的涨跌起到较强的支撑作用。

　　当短期均线下跌到长期均线位置获得支撑开始上涨时，说明股价结束了短暂的回调走势，未来还会持续上涨。该形态是一个看涨买入信号。

　　敦煌种业日 K 线如图 1-12 所示。

　　如图 1-12 所示，2014 年 11 月初，敦煌种业（600354）10 日均线下跌到 30 日均线位置获得较强支撑。两条均线纠缠一段时间后，短期均线开始继续上涨。这样的形态说明股价之前的下跌只是暂时的，未来还会继续长期上涨行情。看到这样的形态，投资者可以积极买入股票。

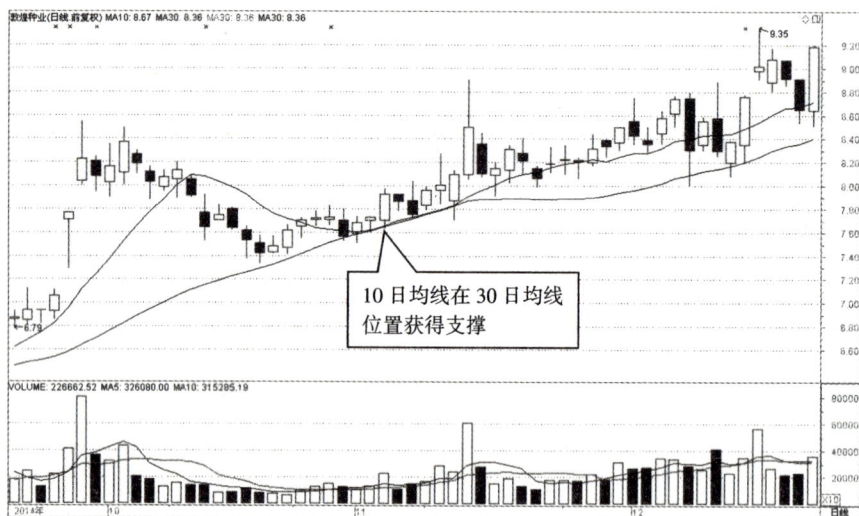

图 1-12　敦煌种业日 K 线

当短期均线上涨到长期均线位置遇阻下跌时，说明股价短期的反弹已经结束，未来还会继续长期的下跌行情。该形态是看跌卖出信号。

金飞达日 K 线如图 1-13 所示。

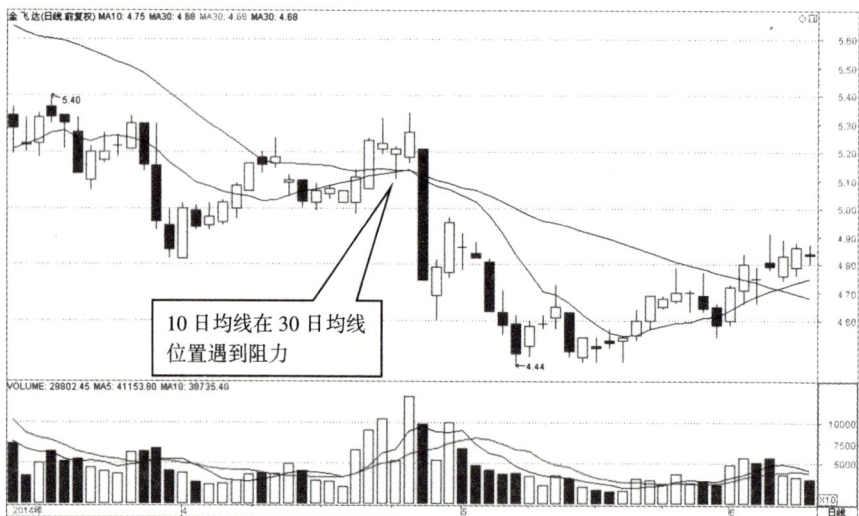

图 1-13　金飞达日 K 线

如图 1-13 所示，2014 年 4 月底，金飞达（002239）股价经过短暂的反弹行情后，其 10 日均线上涨到 30 日均线附近遇阻回落。这样的形态说明股价短暂的反弹行情已经结束，未来会继续中长期的下跌行情。看到这样的形态，投资者应该尽快卖出股票。

（3）均线的多头排列和空头排列。

如果短期均线在中期均线以上，中期均线在长期均线以上，就形成了均线的多头排列形态。这样的形态说明股价的短期上涨趋势强于中期上涨趋势，中期上涨趋势强于长期上涨趋势，是股价处于长期强势上涨行情中的信号。看到这样的信号，投资者可以积极买入股票，长期持有。

中国银行日 K 线如图 1-14 所示。

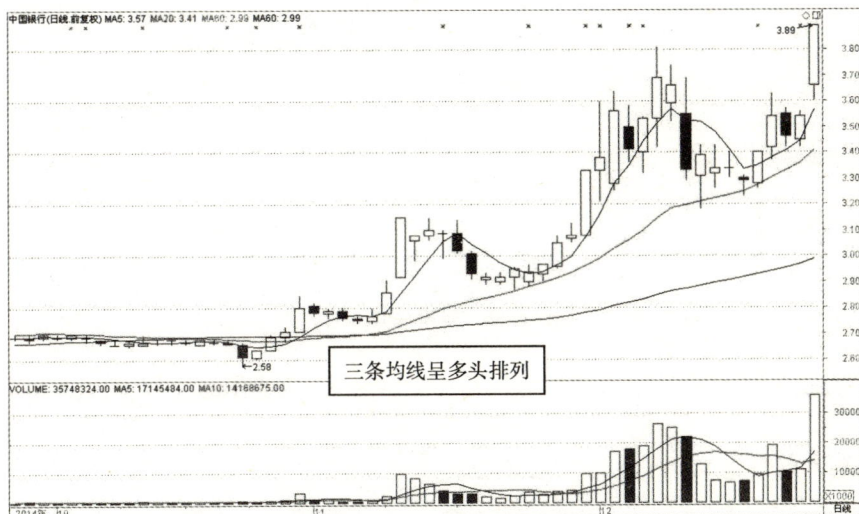

图 1-14　中国银行日 K 线

如图 1-14 所示，2014 年 10 月底至 11 月初，中国银行（601988）的 5 日均线先后突破其 20 日均线和 60 日均线。随后，该股 20 日均线也突破了 60 日均线。三条均线形成了多头排列形态。这样的形态说明股价已经进入了持续的上涨行情中。未来即使股价短暂下跌，只要这个多头排列形态没有被破坏，投资者就可以一直持有股票。

如果短期均线在中期均线以下，中期均线在长期均线以下，就形成了均线的空头排列形态。这个形态说明股票短期的走势弱于中期走势，中期走势又弱于长期走势，股价已经进入了持续的下跌行情中，遇到这样的形态，投资者应该谨慎持有股票。有机会的话，应该尽快将手中的股票卖出。

三维丝日 K 线如图 1-15 所示。

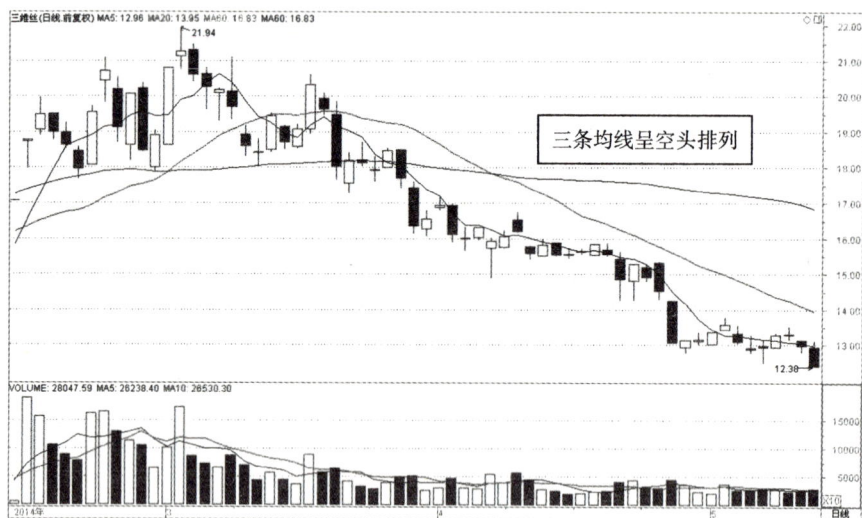

图 1-15 三维丝日 K 线

如图 1-15 所示，2014 年 3 月，三维丝（300056）的 5 日均线先后跌破其 20 日均线和 60 日均线。随后，其 20 日均线也跌破了 60 日均线，三条均线形成空头排列形态。这个形态说明该股已经进入了持续的下跌行情中。该形态形成时，投资者应该尽快卖出手中的股票。

三、和其他指标配合使用

均线可以与 K 线、成交量及 MACD 指标等多种技术指标配合使用，增加投资者对后市行情判断的准确度。

（1）均线与 K 线配合。

K 线表示股票在一个交易日内的价格，均线表示股票在一段时间内的平均价格。当 K 线位于均线之上时，说明当日股价已经超过了一段时间内的平均股价，股票处于上涨行情中。当 K 线位于均线之下时，说明当日股价已经低于一段时间内的平均股价，股票处于下跌行情中。

当 K 线自下而上突破均线时，是股价由下跌行情进入上涨行情的信号。看到这样的信号，投资者可以积极买入股票。

古井贡酒日 K 线如图 1-16 所示。

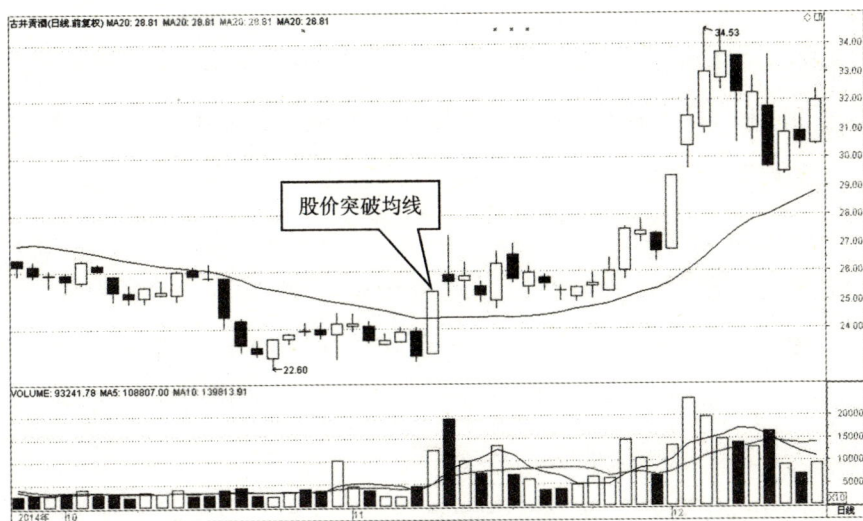

图 1-16　古井贡酒日 K 线

如图 1-16 所示，2014 年 11 月，古井贡酒（000596）的 K 线自下向上突破其 20 日均线。这个形态说明股价由下跌行情进入上涨行情，是看涨买入信号。

当 K 线自上向下跌破均线时，说明股票由上涨行情进入下跌行情，形成看跌卖出信号。

*ST 仪化日 K 线如图 1-17 所示。

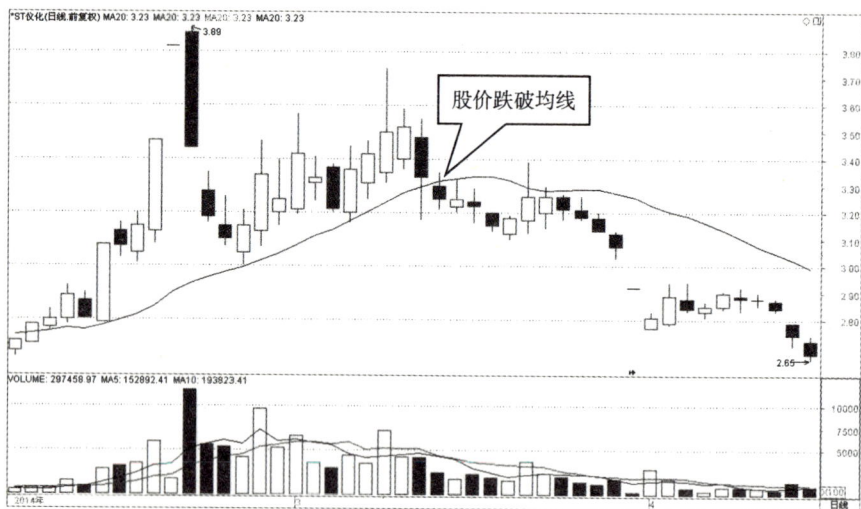

图 1-17　*ST 仪化日 K 线

如图 1-17 所示，2014 年 3 月，*ST 仪化（600871）的 K 线向下跌破其 20 日均线。这个形态说明股价已经进入下跌行情。看到这样的形态，投资者应该将手中的股票卖出。

（2）均线与成交量配合。

成交量可以反映股价在涨跌过程中的趋势强弱。如果均线上涨过程中，成交量也持续放大，说明股价正处于持续的上涨行情中，并且上涨动能越来越强，这是股价进入良性上涨区间的信号。看到这样的信号，投资者可以积极买入股票。

山东钢铁日 K 线如图 1-18 所示。

如图 1-18 所示，2014 年 6~8 月，山东钢铁（600022）股价持续上涨过程中，其成交量也在一直放大。这样的形态说明该股正处于良性上涨区间中。在这个过程中，投资者可以积极买入股票。

如果均线上涨的同时，成交量持续萎缩，说明虽然股价上涨，但是推动股价上涨的多方力量却越来越弱，这是未来股价即将见顶下跌的信号。看到这样的信号，投资者应该卖出手中的股票。

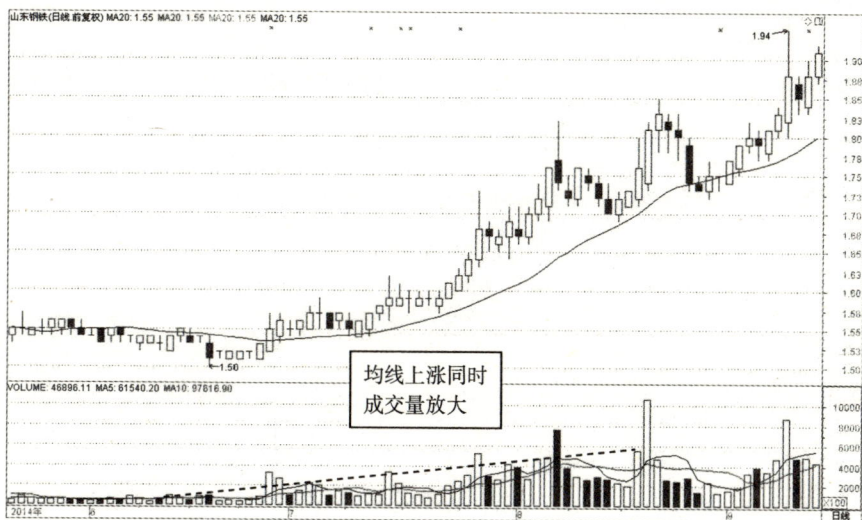

图 1-18　山东钢铁日 K 线

佳创视讯日 K 线如图 1-19 所示。

图 1-19　佳创视讯日 K 线

如图 1-19 所示，佳创视讯（300264）均线上涨过程中，其成交量持续萎缩。这个形态说明虽然股价在上涨，但是其上涨动能逐渐减弱，未来将见顶下跌。看到这样的形态，投资者应该卖出手中的股票。

（3）均线与 MACD 指标配合。

MACD 指标是表示股价涨跌速度的技术指标。如果短期均线突破长期均线，两者形成交叉的同时，MACD 指标的 DIFF 线也突破 DEA 线，说明股价由弱势转入强势的同时，其上涨速度也在加快，未来股价将会加速上涨。这是十分强势的看涨信号。

熊猫烟花日 K 线如图 1-20 所示。

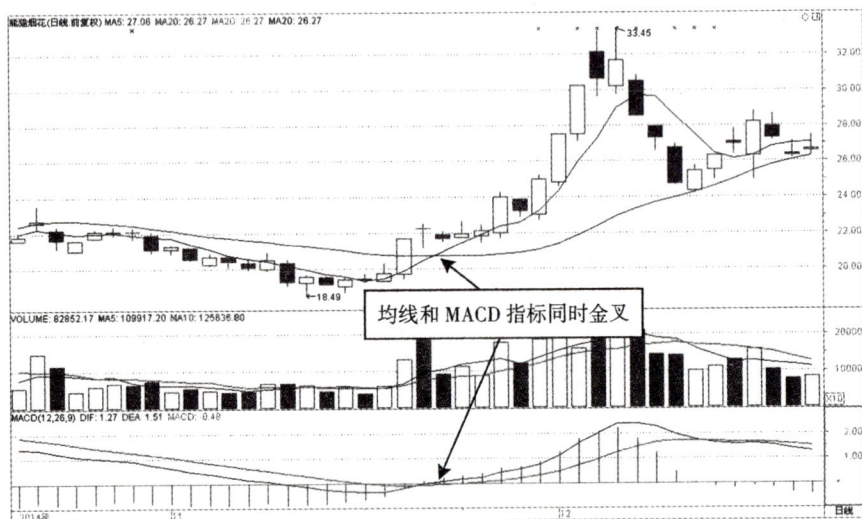

图 1-20　熊猫烟花日 K 线

如图 1-20 所示，2014 年 11 月下旬，熊猫烟花（600599）的均线与其 MACD 指标，在很短的时间内连续形成了金叉形态。这个形态说明股价上涨行情十分强势，是看涨买入信号。

当均线持续上涨时，如果 MACD 指标的 DIFF 线没有上涨，说明虽然股价上涨，但上涨速度越来越慢，未来股价有见顶下跌的可能。因此，该形态是看跌卖出信号。

九州通日 K 线如图 1-21 所示。

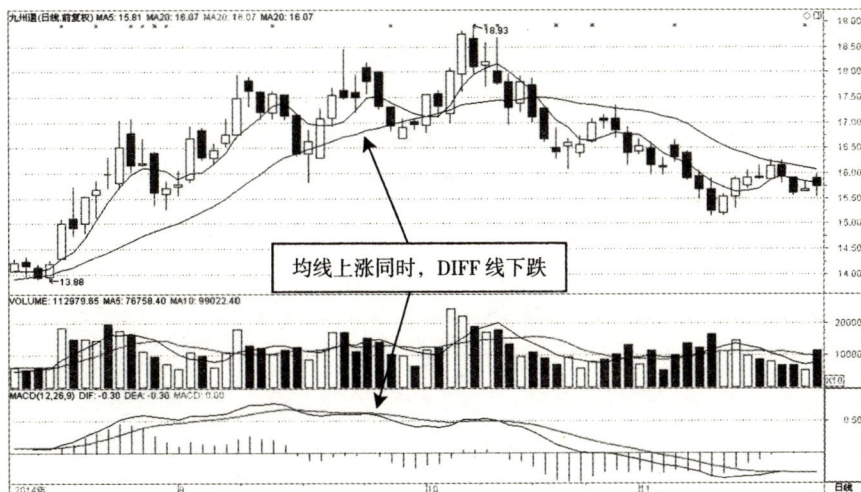

图 1-21 九州通日 K 线

如图 1-21 所示，2014 年 9 月至 10 月初，九州通（600998）股价上涨过程中，其 20 日均线持续上涨，5 日均线也不断创出信号。在这个过程中，其 MACD 指标的 DIFF 线却没有持续上涨，反而形成了一顶比一顶低的下跌走势。这样的形态说明该股股价虽然还在上涨，但是上涨速度越来越慢，未来有见顶下跌的风险。

第三节　葛兰碧八大法则

葛兰碧八大交易法则是葛兰碧于 1960 年所著《每日股票市场获最大利益之战略》一书中，发表八种法则以判定股价买卖的时机。这些法则是关于使用均线判断行情走向的最经典理论，也是投资者学习均线技术的基础。

一、四大买入法则

葛兰碧八大交易法则中，有四大法则是关于买入的，如图 1-22 所示。

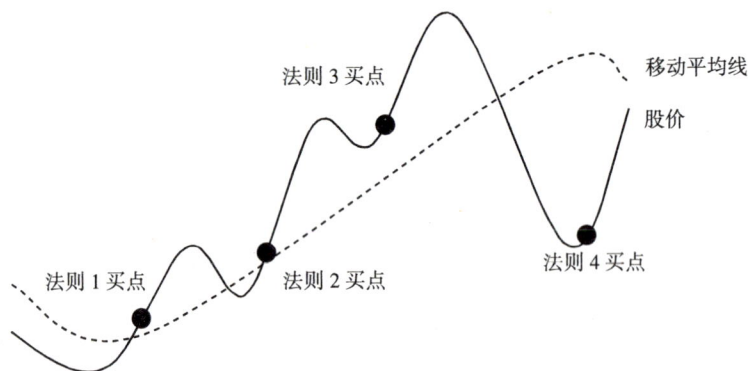

图 1-22　葛兰碧八大交易法则的四个买点

法则 1：移动平均线在下降后逐渐走平或上扬，而股价由下往上突破移动平均线的时候是买进信号。这样的形态说明股价已经从下跌行情进入上涨行情的初段。

浙江龙盛日 K 线如图 1-23 所示。

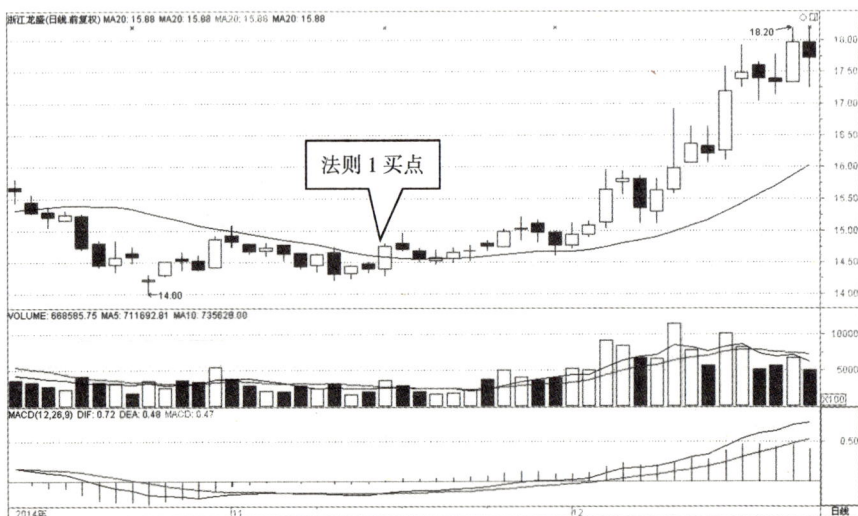

图 1-23　浙江龙盛日 K 线

如图 1-23 所示，2014 年 11 月，浙江龙盛（600352）20 日均线逐渐走稳的过程中，其股价也完成了对均线的突破。这个形态符合葛兰碧八大法则第 1 条，是买入信号。

法则 2：移动平均线持续上扬，股价虽一度跌到移动平均线下方，但很快又回到移动平均线上方的时候，是买进时机。这样的形态说明虽然股价短暂下跌，但均线是股价下跌强力的支撑线。股价获得支撑后，未来仍将处于上涨行情中。

盛达矿业日 K 线如图 1-24 所示。

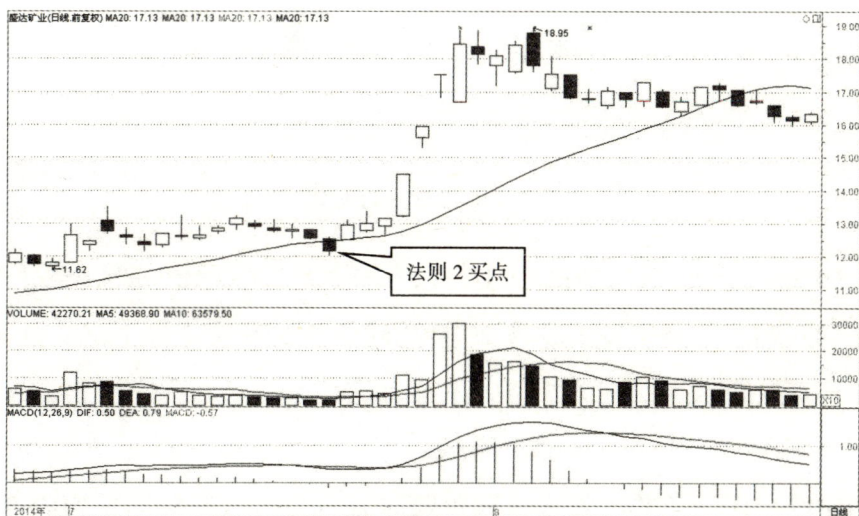

图 1-24　盛达矿业日 K 线

如图 1-24 所示，2014 年 7 月，盛达矿业（000603）股价上涨过程中出现回调，短暂跌破 20 日均线。但是很快股价就获得支撑上涨。并且在这个过程中，均线并没有回调的迹象。这个形态符合葛兰碧八大法则第 2 条，是买入信号。

法则 3：股价持续上扬，股价远离移动平均线之上以后股价突然下跌，但股价并没有跌破上升的移动平均线，当股价再度上升的时候，可以加码买进。这个形态说明股价虽然短暂下跌，但长期来看持续上涨趋势并没有被破坏，未来股价还将会持续上涨。

中冠 A 日 K 线如图 1-25 所示。

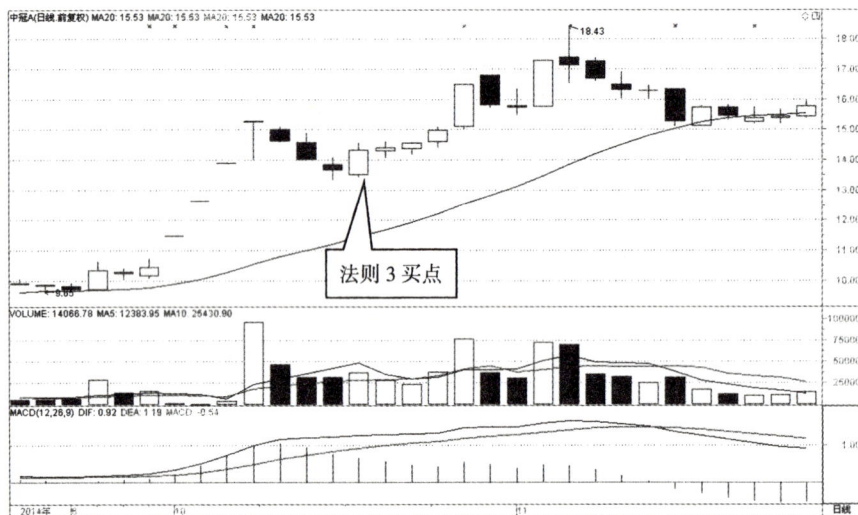

图 1-25　中冠 A 日 K 线

如图 1-25 所示，2014 年 10 月，中冠 A（000018）股价经过连续上涨后回调，但是回调未跌破 20 日均线就再次获得支撑上涨。这个形态符合葛兰碧八大法则第 3 条，是买入信号。

法则 4：股价跌破移动平均线之下，突然连续暴跌远离移动平均线的时候，由于负乖离过大，股价随时有机会再次向移动平均线弹升，是买进的信号。这样的形态说明打压股价下跌的空方力量已经基本释放完毕，未来股价将逐渐进入由多方主导的上涨行情中。

游族网络日 K 线如图 1-26 所示。

如图 1-26 所示，2014 年 7 月，游族网络（002174）股价下跌至 20 日均线下方距离均线很远的地方后，开始逐渐走稳并进入上涨行情。这样的形态符合葛兰碧八大法则第 4 条，是看涨买入信号。

图 1-26 游族网络日 K 线

二、四大卖出法则

葛兰碧八大法则中的后四条是卖出法则，如图 1-27 所示。

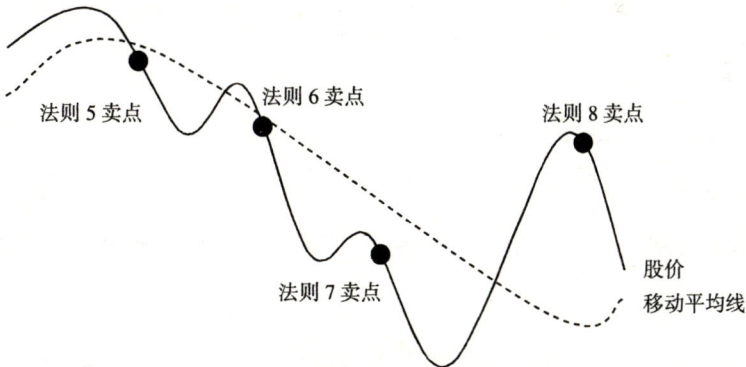

图 1-27 葛兰碧八大交易法则的四个卖点

法则 5：移动平均线在上扬后逐渐走平或下滑，而股价由上往下跌破移动平均线的时候是卖出信号。这样的形态说明股价之前的上涨趋势已经发生了变化，正在从上涨行情进入下跌行情中。

易事特日 K 线如图 1-28 所示。

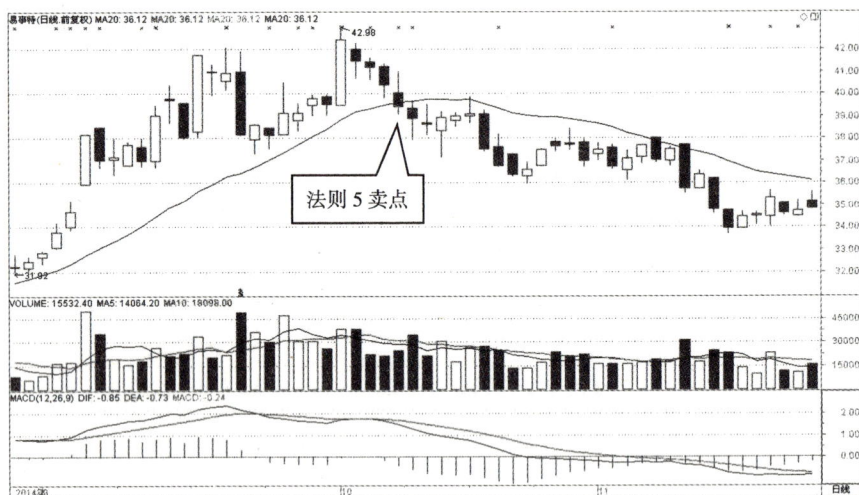

图 1-28　易事特日 K 线

如图 1-28 所示，2014 年 10 月，易事特（300376）股价跌破其 20 日均线的同时，20 日均线也在逐渐走平并开始下滑。这个形态符合葛兰碧八大法则第 5 条，是看跌卖出信号。

法则 6：移动平均线持续下滑，股价虽一度涨到移动平均线上面，但很快又回复到移动平均线下面的时候，是卖出时机。这个形态说明股价虽然在短期内出现了较强势的上涨行情，但中长期的下跌的趋势并没有改变，未来股价还会持续下跌行情。

汇通能源日 K 线如图 1-29 所示。

如图 1-29 所示，2014 年 11 月，汇通能源（600605）股价持续下跌过程中出现反弹，短暂突破了 20 日均线。但很快股价就又回到 20 日均线下方。这个形态符合葛兰碧八大法则第 6 条，是看跌卖出信号。

法则 7：股价持续下滑，股价远离移动平均线之下以后股价突然上涨，但股价并没有突破下跌的移动平均线，当股价再度下跌的时候，可以加码放空。这个形态说明股价正处于持续的下跌行情中，虽然有所反弹，但长期的下跌趋势仍然没有改变。

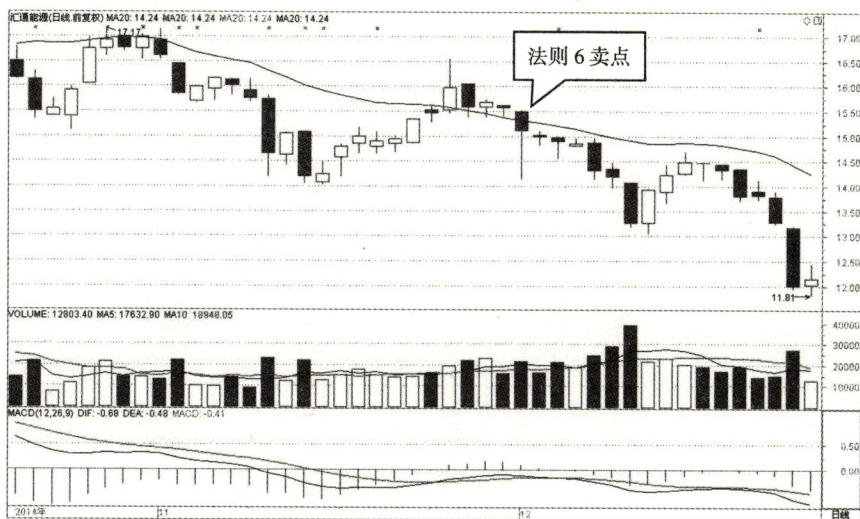

图1-29　汇通能源日K线

上海科技日K线如图1-30所示。

图1-30　上海科技日K线

如图1-30所示，2014年4月初，上海科技（600608）股价在持续下跌过程中小幅反弹。不过这次反弹没有能突破20日均线就继续下跌。在此过程中，20日均线一直处于下跌过程中。这样的形态符合葛兰碧八大法则第7条，是看跌卖出信号。

法则 8：股价突破移动平均线之上，突然连续暴涨远离移动平均线的时候，由于正乖离过大，股价随时有机会再次向移动平均线拉回，是卖出的信号。这个形态说明将股价持续向上推升的多方力量已经开始减弱，未来股价将会逐渐进入由空方主导的下跌行情中。

沙隆达 A 日 K 线如图 1-31 所示。

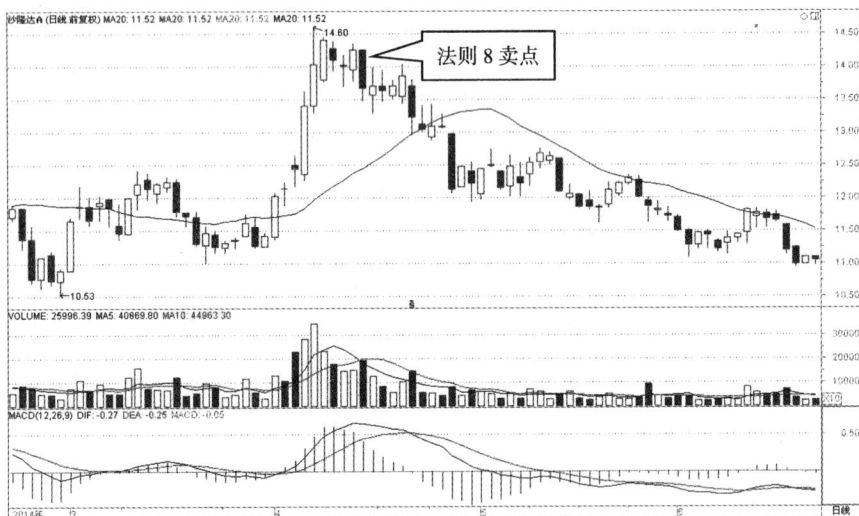

图 1-31　沙隆达 A 日 K 线

如图 1-31 所示，2014 年 4 月，沙隆达 A（000553）股价经过快速上涨后，已经大幅偏离了其 20 日均线。随后股价开始回调。该形态符合葛兰碧八大法则第 8 条，是看跌卖出信号。

第四节　均线应用的技巧

投资者在使用均线判断未来行情走向的过程中，应该注意几个重要的应用技巧。注意这几个技巧，可以帮助投资者提高行情判断的准确度。

一、趋势比形态重要

投资者利用均线判断股价走势时，对于股价中长期趋势的判断要比对短期形态的判断更加重要。投资者可以通过以下几个现象来理解这一技巧。

（1）均线排列形态要比股价对均线的突破重要。

当均线保持多头排列时，即使股价短暂跌破均线，仍然说明股价的上涨趋势还在继续。投资者可以继续持有股票。相反，当均线保持空头排列时，即使股价短暂突破均线，仍说明股价处于下跌趋势中，投资者应该继续保持谨慎。

浙江美大日K线如图1-32所示。

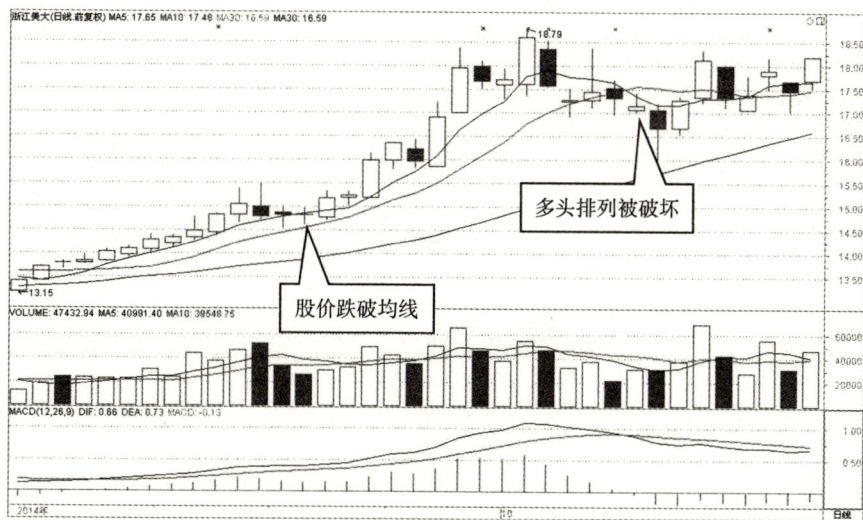

图1-32　浙江美大日K线

如图1-32所示，2014年9月，浙江美大（002677）股价持续上涨过程中，其5日、10日、30日均线一直保持多头排列。这个形态说明股价处于持续上涨的趋势中。虽然股价在这个过程中一度跌破5日均线，投资者仍然可以稳定持股。直到10月初，5日均线跌破10日均线，多头排列被破坏。这时才是投资者卖出股票的时机。

（2）均线的长期趋势比短暂波动更重要。

两条短期均线在高位反复交叉时，如果中长期均线能够持续保持上涨趋势，就说明股价仍处于持续的上涨过程中。这样的行情中，投资者可以继续持有股票。相反，如果两条均线在低位反复交叉，如果中长期均线一直保持下跌，就说明股价仍处于持续的下跌行情中。这时，投资者应该保持谨慎。

亚太科技日 K 线如图 1-33 所示。

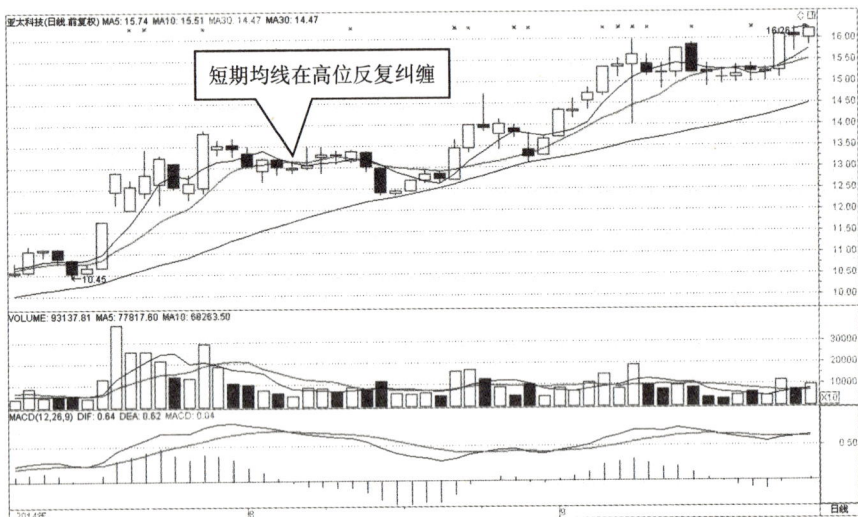

图 1-33　亚太科技日 K 线

如图 1-33 所示，2014 年 8 月，亚太科技（002540）股价上涨后遇到阻力，其 5 日均线和 10 日均线也开始在高位反复纠缠。不过在这个过程中，该股的 30 日均线一直处于上涨过程中，并没有因为股价遇阻就掉头向下。这样的形态说明虽然股价在短期内遇阻，但是从中长期来看，股价仍处于持续的上涨行情中。看到这个形态，投资者可以继续看好该股的后市走向。

（3）均线趋势比 K 线形态更重要。

在 K 线形态中，有一些是经典的看涨信号和看跌信号。不过与均线的形态一般都能预示股价中长期趋势相比，K 线的看涨和看跌形态多数都属于短期信号。

如果一只股票的 K 线出现了看跌形态，同时中长期的均线却显示股价持续上涨，则说明股价的下跌很可能只是暂时的。这样的情况下投资者可以在保持警惕的情况下，继续看好后市行情走向。

如果一只股票的 K 线出现了看涨形态，同时中长期的均线却显示股价处于下跌行情中，则说明股价的上涨很可能只是暂时的。这样的情况下，投资者应该继续保持谨慎操作。

长青股份日 K 线如图 1-34 所示。

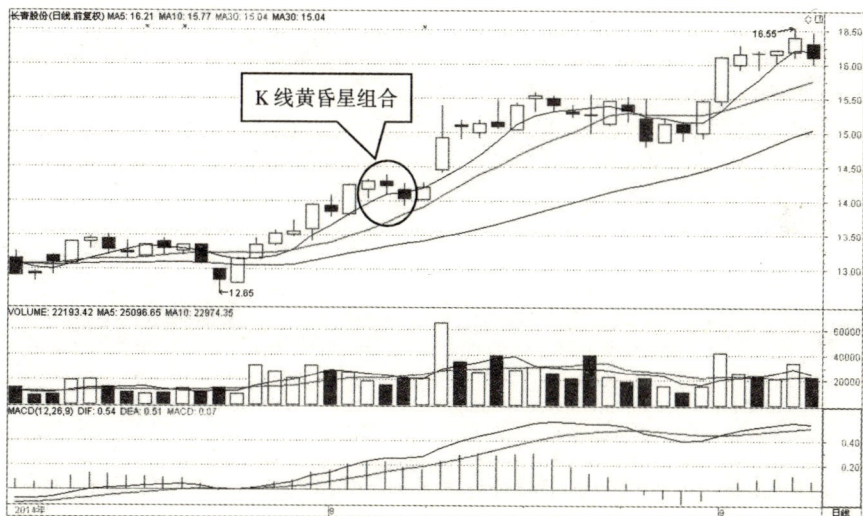

图 1-34 长青股份日 K 线

如图 1-34 所示，2014 年 8 月初，长青股份（002391）股价持续上涨一段时间后遭遇阻力。连续三个交易日的 K 线组成了黄昏星形态。这个形态说明股价已经由多方主导的上涨行情进入下跌行情，是看跌卖出信号。

不过如果观察这段时间该股的均线可以发现，在 K 线形成黄昏星的过程中，其 5 日、10 日、30 日均线一直保持多头排列。这样的形态说明股价仍处于上升趋势中。投资者可以将 K 线的看跌组合当作一种警示，但此时还没有必要将手中的股票卖出。

二、相对位置比绝对位置重要

均线的所有买卖信号都是根据均线本身的涨跌、均线与股价的相对位置、均线之间的相对位置而推演出来的。与之相比，均线本身的数值大小并没有什么参考价值。

荣之联日 K 线如图 1-35 所示。

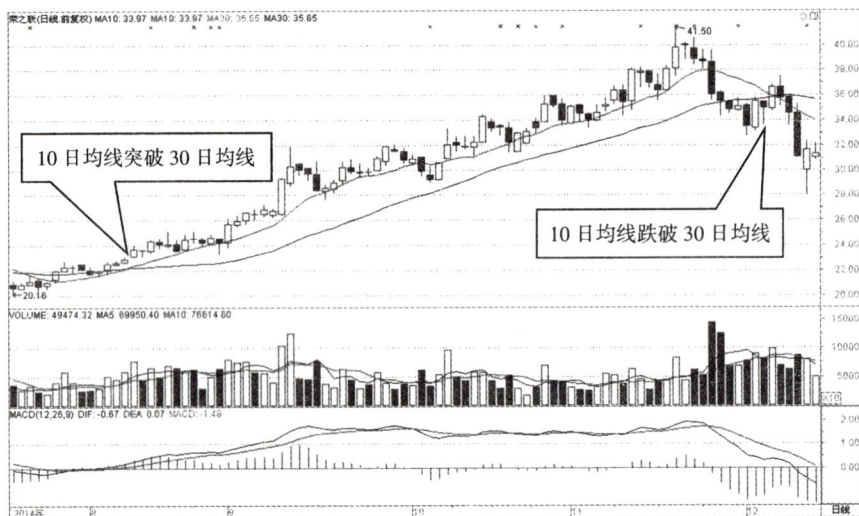

图 1-35　荣之联日 K 线

如图 1-35 所示，在荣之联（002642）的这段走势中，投资者可以利用 10 日均线和 30 日均线之间的相对位置关系来进行操作。当 10 日均线突破 30 日均线时，投资者可以买入股票，10 日均线跌破 30 日均线时，投资者应该卖出股票。

在这个过程中，10 日均线与 30 日均线本身的数值大小并不足以成为投资者判断未来行情走向的依据。例如投资者不能因为 10 日均线已经积累了巨大涨幅，就判断多方力量耗尽，未来股价将坚定下跌。

三、综合考虑多条均线

投资者利用均线判断未来行情走向时，最好多结合几根不同周期的均线，综合考虑后做出判断。

史丹利日 K 线如图 1-36 所示。

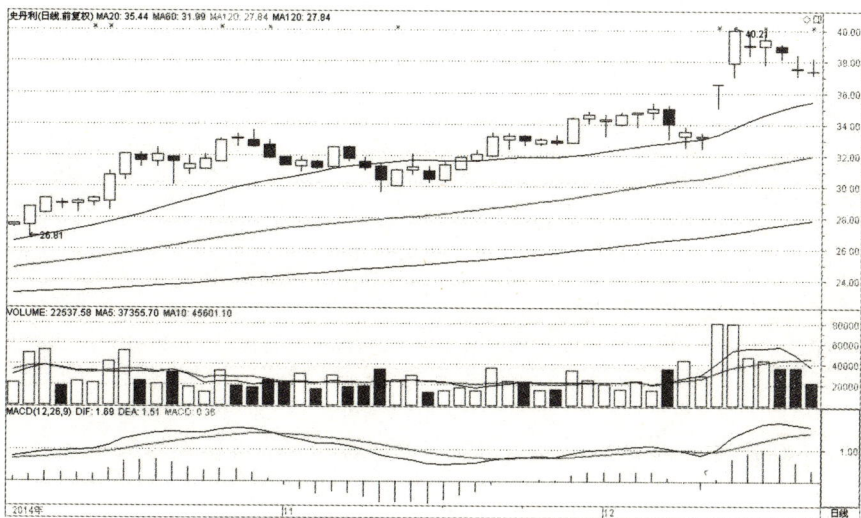

图 1-36　史丹利日 K 线

如图 1-36 所示，2014 年 11 月，史丹利（002588）股价跌破其 20 日均线，连续几个交易日都在 20 日均线下方运行，并且 20 日均线已经出现了掉头向下的迹象。这个形态说明股价上涨趋势已经被破坏，是看跌信号。

不过如果投资者能结合 60 日均线和 120 日均线就可以发现，这三条均线此时正处于多头排列中，同时 60 日均线和 120 日均线正在稳固上涨。这一形态说明该股的持续上涨趋势并没有发生改变。

根据以上多条均线的综合判断，如果投资者做短线操作，可以在股价跌破均线时减仓甚至清仓。如果做中长线操作，可以在股价跌破中长期均线时稳健持股。

四、综合考虑多个周期

投资者利用均线判断未来行情走向时，可以结合多个周期的 K 线图，综合做出判断。如果在多个周期的 K 线图中，出现了一致的看涨信号或者看跌信号，那么该信号的含义会更加准确。

四川美丰日 K 线如图 1-37 所示。

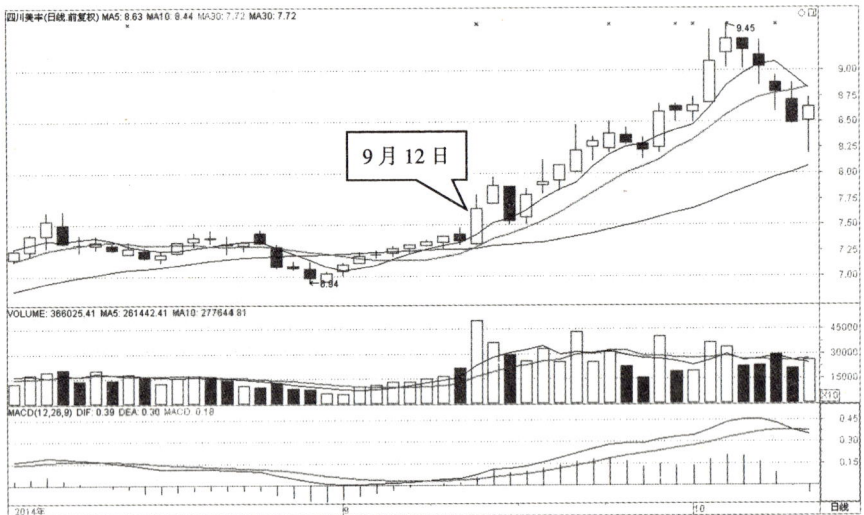

图 1-37　四川美丰日 K 线

如图 1-37 所示，在这张日 K 线图中，2014 年 9 月 12 日，10 日均线突破了 30 日均线，三条均线完成多头排列形态。该形态说明股价进入持续的上涨行情，是看涨买入信号。

四川美丰周 K 线如图 1-38 所示。

如图 1-38 所示，在这张周 K 线图中，9 月 12 日及其他几个交易日组成的一周，股价向上突破了之前刚刚被跌破的 5 周均线，该形态同样可以说明股价走强，是看涨买入信号。

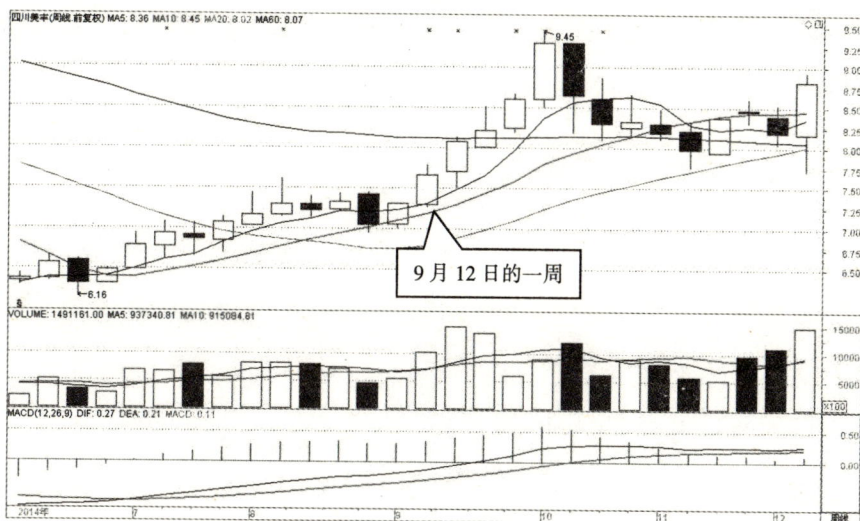

图 1-38　四川美丰周 K 线

四川美丰 60 分钟 K 线如图 1-39 所示。

图 1-39　四川美丰 60 分钟 K 线

如图 1-39 所示，在这张小时均线图中，9 月 12 日的第一根小时 K 线就突破了 5 小时均线和 10 小时均线。这个形态说明股价短期内迅速走强，是看涨信号。

综合以上判断，9 月 12 日，股价无论在短期、中期还是长期内都走强。因此投资者可以更加确定，此时股价已经走强，是非常强烈的看涨信号。

五、综合考虑多个指标

利用均线分析股价走向时，投资者可以综合利用成交量、MACD等指标做出判断。如果多个指标同时形成买入信号，则综合起来就形成更加强烈的买入信号。

中科云网日 K 线如图 1-40 所示。

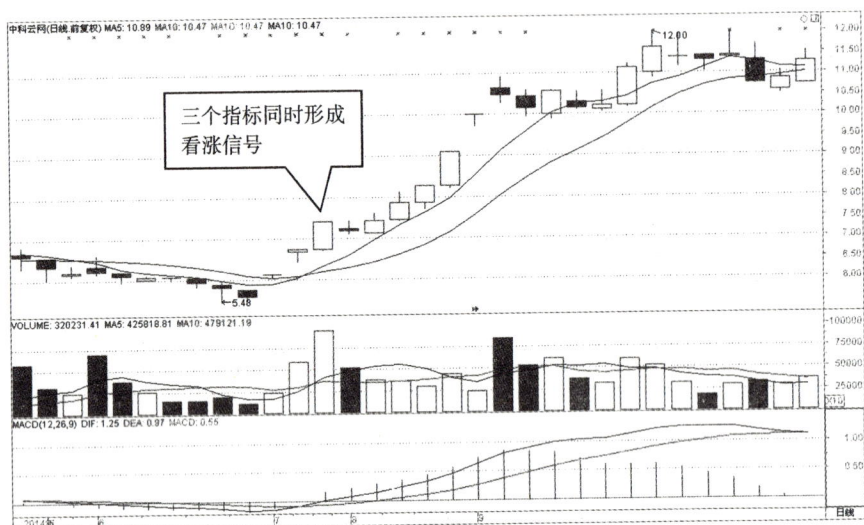

图 1-40　中科云网日 K 线

如图 1-40 所示，2014 年 7 月 1 日，中科云网（002306）的 5 日均线向上突破其 10 日均线，同时成交量指标的 5 日均量线突破 10 日均量线，MACD 指标的 DIFF 线突破 DEA 线。这样的形态说明股价强势上涨的同时，成交量快速放大，同时股价上涨速度有越来越快的趋势。通过这几个指标的结合，形成更加强烈的看涨买入信号。

第二章 实战图解均线的基本买卖点

第一节 均线的金叉和死叉

均线的金叉和死叉是由两根不同周期均线组成的形态。实际应用时，常见的均线组合包括 5 日均线和 10 日均线的组合，10 日均线和 30 日均线的组合，20 日均线和 60 日均线的组合等。

一、均线金叉的买点

均线的金叉是指短期均线自下向上突破长期均线的形态。均线可以代表一段时间内的平均价格。短期均线代表短时间内的平均股价，长期均线代表长时间内的平均股价。当短期均线自下向上突破长期均线时，说明市场上短期的平均股价超过了长期的平均股价，这是股价进入上涨行情的标志，预示着未来股价会持续上涨。看到这样的形态后，投资者可以积极买入股票。

南玻 A 日 K 线如图 2-1 所示。

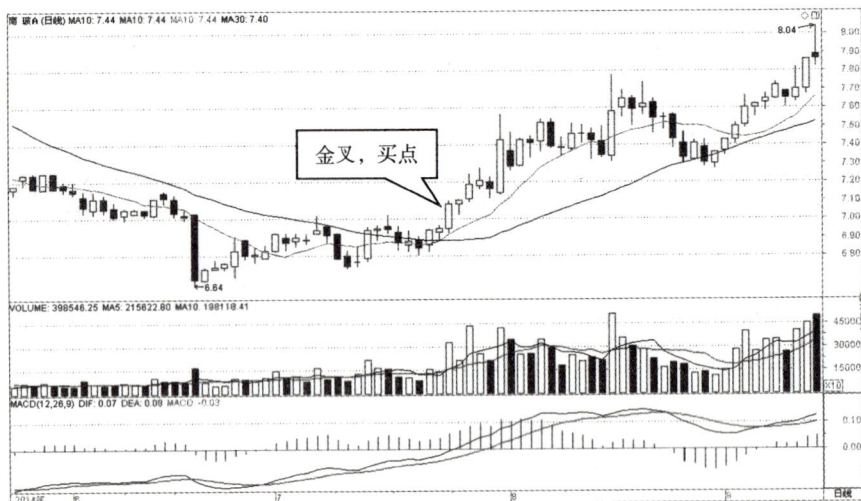

图 2-1　南玻 A 日 K 线

如图 2-1 所示，2014 年 7 月 24 日，南玻 A（000012）的 10 日均线向上突破其 30 日均线，两条均线形成了金叉形态。这个形态说明该股在 10 日内的平均股价已经超过了 30 日内的平均股价，股价正处于上升的趋势中。未来这种上涨趋势有望继续。因此这是一个看涨买入信号。看到这个形态，投资者可以积极买入股票。

益民集团日 K 线如图 2-2 所示。

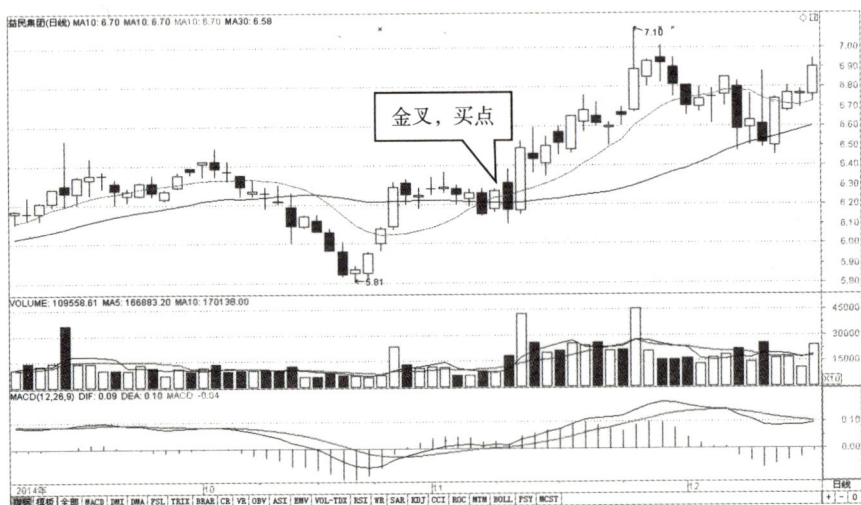

图 2-2　益民集团日 K 线

如图 2-2 所示，2014 年 11 月 10 日，益民集团（600824）10 日均线短暂跌破 30 日均线后，很快又突破 30 日均线，形成金叉形态。这个形态说明股价经过短暂下跌调整后，再次进入上涨行情中，这是未来股价会持续上涨的信号。看到这个信号，投资者可以积极买入股票。

二、均线死叉的卖点

当短期自上向下跌破长期均线时，就形成了均线的死叉形态。均线死叉形态说明市场上短期的平均股价已经低于长期的平均股价，这是股价进入下跌行情的标志，预示着未来股价会持续下跌。看到这样的形态后，投资者应该尽快卖出股票。

深大通日 K 线如图 2-3 所示。

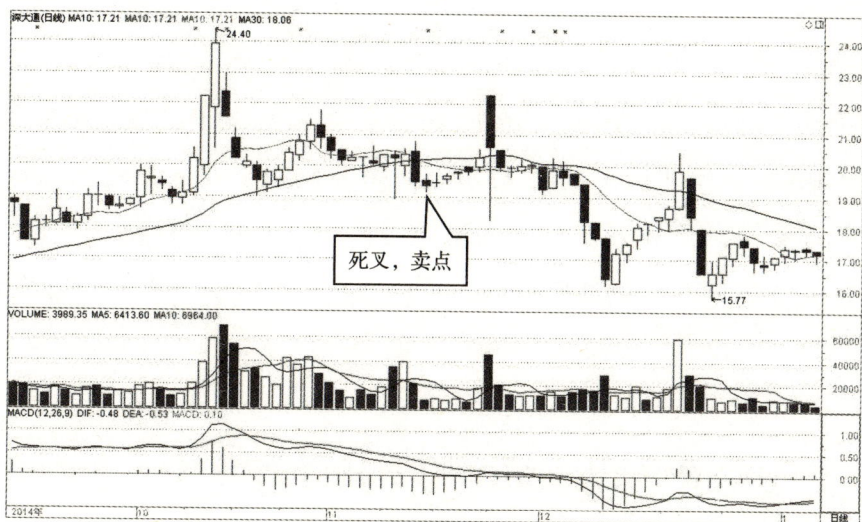

图 2-3 深大通日 K 线

如图 2-3 所示，2014 年 11 月 14 日，深大通（000038）10 日均线自上向下跌破了其 30 日均线，形成死叉形态。这个形态说明该股在10 日内的平均股价已经低于 30 日内的平均股价，股价处于下跌的行情中。未来这种下跌行情肯定还会继续。看到这样的形态，投资者应该尽快卖出股票。

多氟多日 K 线如图 2-4 所示。

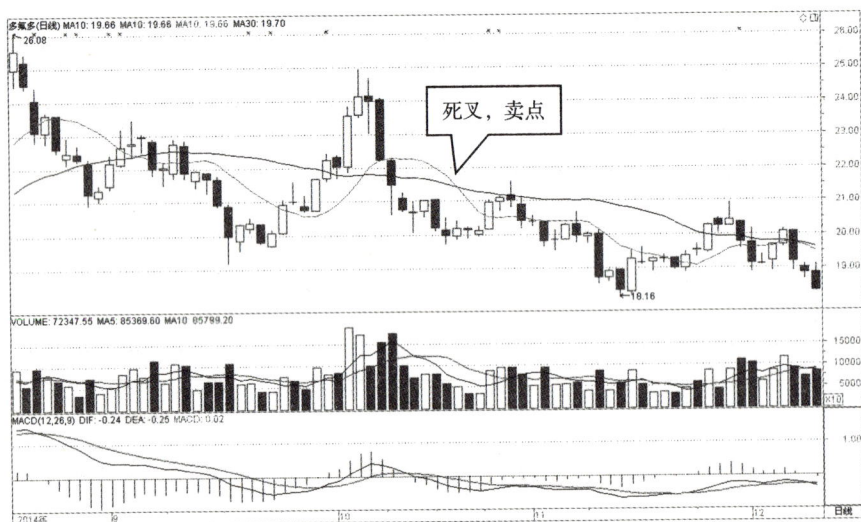

图 2-4　多氟多日 K 线

如图 2-4 所示，2014 年 10 月 24 日，多氟多（002407）10 日均线短暂突破 30 日均线后，很快又跌回了 30 日均线下方，形成死叉形态。这个形态说明该股正处于持续的下跌行情中。经过短暂的反弹后，下跌行情还在继续。看到这样的形态，投资者应该尽快卖出手中的股票。

第二节　均线间的支撑和阻力

均线间的支撑和阻力发生在一根短期均线和一根长期均线之间。实际应用时，常见的均线组合包括 5 日均线和 10 日均线的组合，10 日均线和 30 日均线的组合，20 日均线和 60 日均线的组合等。

一、均线间支撑的买点

短期均线下跌时，可能会在长期均线附近获得支撑。如果短期均线下跌到长期均线位置获得支撑继续上涨，说明股价处于上涨行情中，并且未来这种上涨行情还将继续。看到这样的形态，投资者可以积极买入股票。

华发股份日 K 线如图 2-5 所示。

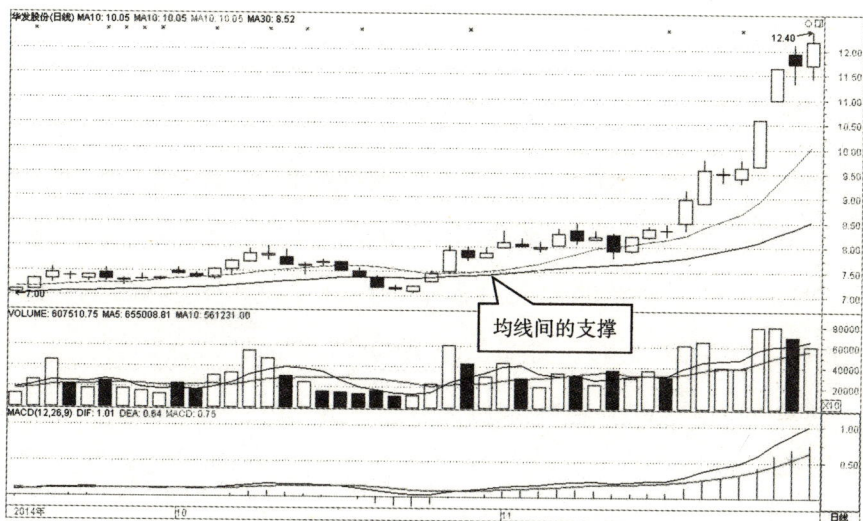

图 2-5　华发股份日 K 线

如图 2-5 所示，2014 年 10 月底，华发股份（600325）的 10 日均线下跌至其 30 日均线附近后获得支撑继续上涨。这个形态说明股价处于上涨行情中，虽然经过短暂回调，但上涨行情还在继续。看到这个形态，投资者可以积极买入股票。

如果在上涨行情中，短期均线多次在长期均线位置获得支撑后继续上涨，说明股价处于持续的上涨行情中。每次短期均线在长期均线附近获得支撑继续上涨时，都是投资者逢低买入股票的机会。

风神股份日 K 线如图 2-6 所示。

图 2-6　风神股份日 K 线

如图 2-6 所示，2014 年 6~8 月，风神股份（600469）股价上涨过程中其 10 日均线多次下跌至 30 日均线附近均获得支撑上涨。这个形态说明股价正处于持续的上涨过程中。在这个过程中，每次 10 日均线下跌至 30 日均线附近时，都是投资者逢低买入股票的机会。

有时短期均线会短暂跌破长期均线。不过只要跌破的幅度不超过3%，且短期均线在 3 个交易日内就能再次回到长期均线上方，就说明该位置的支撑仍然有效。这同样是有效的看涨买入信号。

上海机场日 K 线如图 2-7 所示。

如图 2-7 所示，2014 年 9 月 2 日，上海机场（600009）的 10 日均线短暂跌破其 30 日均线。不过随后股价并没有持续下跌，10 日均线跌破 30 日均线的幅度不深且在 3 个交易日后就再次回到 30 日均线上方。这个形态说明 30 日均线对 10 日均线形成了有效支撑，未来上涨行情还将继续。看到这个形态，投资者可以积极买入股票。

二、均线间阻力的卖点

长期均线可能会对短期均线形成一定的阻力作用。当短期均线上

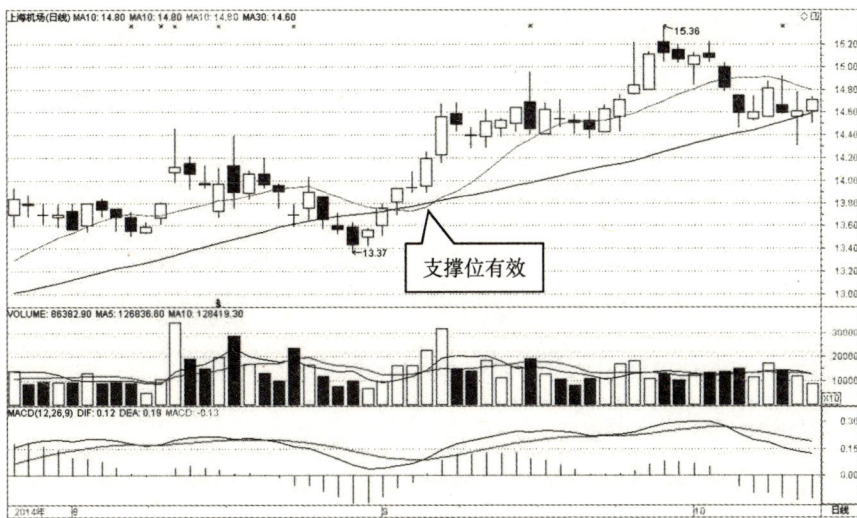

图2-7 上海机场日K线

涨至长期均线附近遇到阻力下跌时，说明股价正处于持续的下跌行情中，并且未来这种下跌趋势还将继续。看到这样的形态，投资者应该尽快卖出股票。

广济药业日K线如图2-8所示。

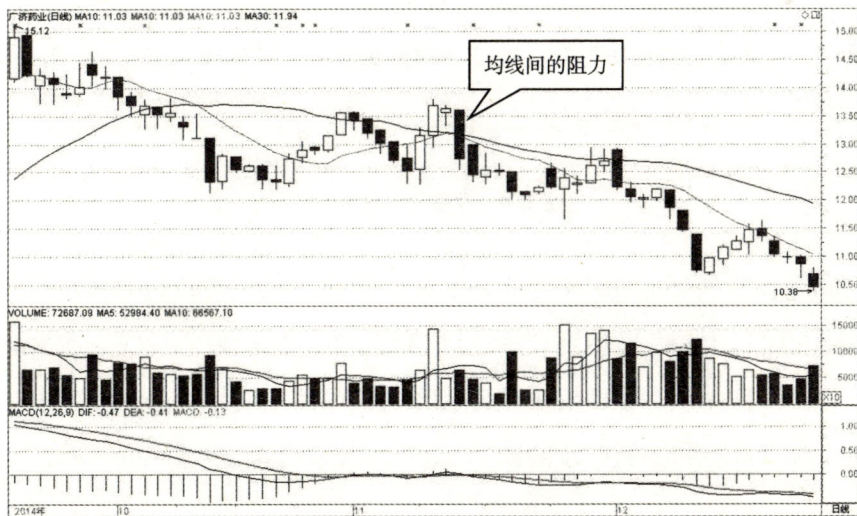

图2-8 广济药业日K线

如图 2-8 所示，2014 年 11 月，广济药业（000952）10 日均线上涨至 30 日均线附近后遇到阻力下跌。这个形态说明该股正处于持续的下跌行情中，虽然经过了短暂反弹，但下跌行情还会继续。看到这样的形态，投资者应该尽快卖出手中的股票。

部分情况下，短期均线可能会短暂地突破长期均线。不过只要突破的幅度不大，不超过 3%，且短期均线在 3 个交易日内就重新跌回长期均线下方，就说明该位置的阻力仍然有效。这样的情况下，投资者应该尽快卖出手中的股票。

罗平锌电日 K 线如图 2-9 所示。

图 2-9　罗平锌电日 K 线

如图 2-9 所示，2014 年 10 月初，罗平锌电（002114）10 日均线上涨至 30 日均线附近后虽然短暂突破其 30 日均线，不过这次突破的幅度不大，且 10 日均线很快就跌回 30 日均线下方。该形态说明 30 日均线对 10 日均线形成有效的阻力，预示着未来股价会持续下跌。看到这个形态，投资者应该卖出股票。

如果短期均线连续多次在长期均线附近遇到阻力，说明股价正处

于持续的下跌过程中。未来这种下跌趋势将会持续较长时间。每次短期均线上涨到长期均线附近遇到阻力时，都是投资者卖出股票的时机。

高乐股份日 K 线如图 2-10 所示。

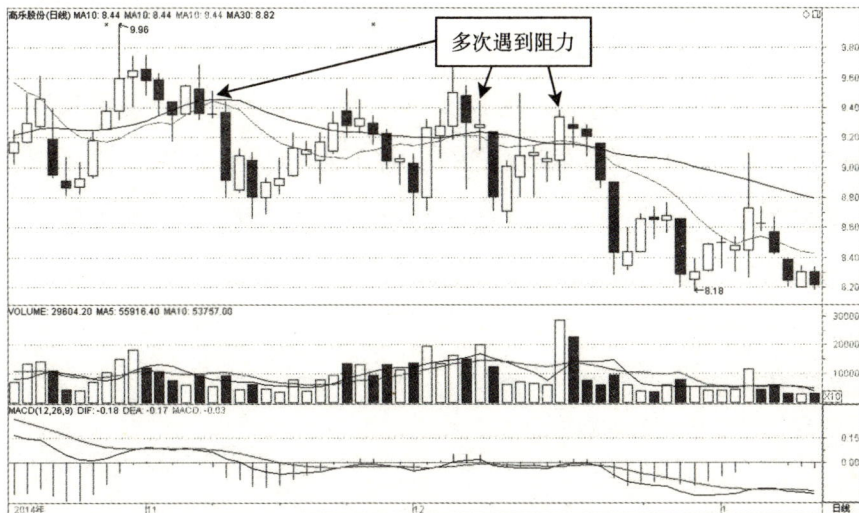

图 2-10　高乐股份日 K 线

如图 2-10 所示，2014 年 11~12 月，高乐股份（002348）股价持续下跌过程中，其 10 日均线连续多次在 30 日均线附近遇到阻力后继续下跌。这是下跌趋势将会持续的信号。看到这样的信号，投资者应该尽快卖出手中的股票。

第三节　均线的多头排列和空头排列

均线多头排列和空头排列是投资者判断股价涨跌趋势最常用的方法。在判断多头排列或空头排列时，投资者需要用到至少三条均线的组合。

一、均线形成多头排列的买点

在短、中、长三条均线组成的系统中，如果期限越短的均线位置越高，三条均线自上向下依次是短期均线、中期均线和长期均线，就组成了均线的多头排列形态。

多头排列一旦完成，就表示市场处于上涨行情中。投资者不断以更高的价格交易股票，而股票价格也被不断地推高。这种推动股价上涨的多方力量一旦凝聚起来，往往能够持续很长时间。未来股价将受到推动而持续上涨。在这样持续的上涨行情中，投资者可以积极买入股票。

西陇化工日 K 线如图 2-11 所示。

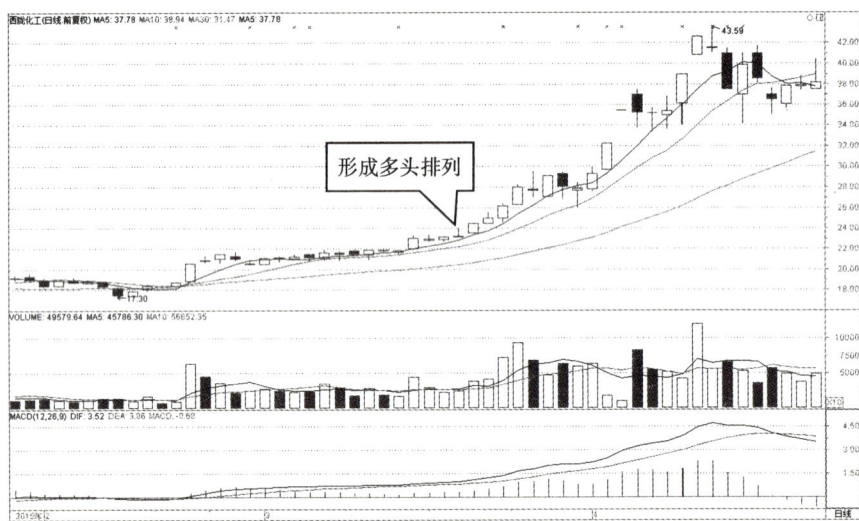

图 2-11　西陇化工日 K 线

如图 2-11 所示，2015 年 2~4 月，西陇化工（002584）的 5 日均线在 10 日均线上方，10 日均线在 30 日均线上方，三条均线形成了多头排列的形态。这样的形态说明市场已经进入多方强势的上涨行情，未来股价将在多方的推动下持续上涨。在这个过程中，投资者可以积

极买入股票。

多头排列形成以后，只要三条均线的排列形态没有被破坏，投资者就可以积极追高买入股票。有时其中的短期均线会跌破中期均线。只要跌破的幅度不大且很快就会重新回到中期均线以上，投资者仍然可以认为这样的多头排列有效。此时投资者可以继续积极做多买入。

恒宝股份日 K 线如图 2-12 所示。

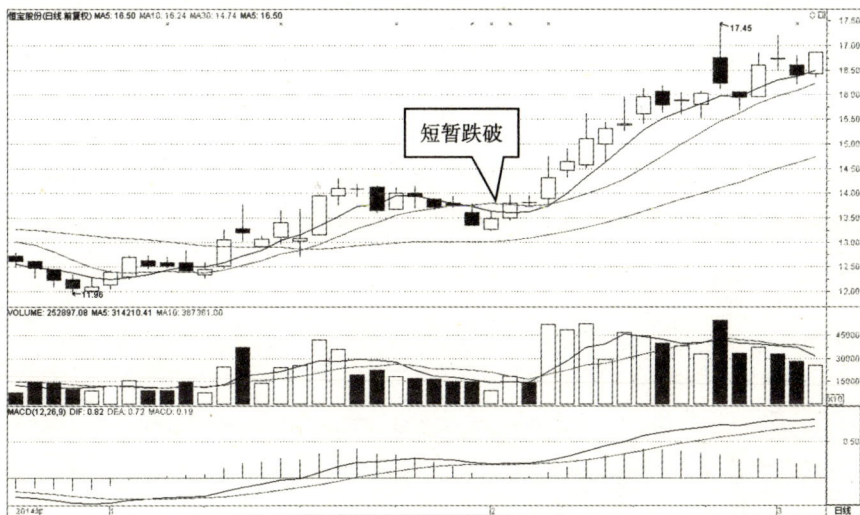

图 2-12 恒宝股份日 K 线

如图 2-12 所示，2015 年 1 月，恒宝股份（002104）的 5 日均线、10 日均线和 30 日均线形成了多头排列形态。这说明多方力量强势推升股价。此时投资者可以积极买入股票。

随后在 1 月底，5 日均线短暂跌破了 10 日均线。不过跌破的幅度不深且 5 日均线很快就重新回到 10 日均线上方。这样的形态说明多方仍在强势拉升股价，多头排列形态还在继续。此时投资者可以继续做多买入。

二、均线形成空头排列的卖点

均线的空头排列形态与多头排列完全相反。在短、中、长三条均线组成的系统中，如果期限越长的均线位置越高，三条均线自上向下依次是长期均线、中期均线和短期均线，就组成了均线的空头排列形态。

空头排列一旦完成，就表示市场处于下跌行情中。投资者正在不断以更低的价格抛出股票，股价被不断打压。市场这种打压股价的空放力量一旦出现，往往会持续很长时间。未来股价可能会持续下跌。看到这样的形态，投资者应该保持空仓观望。如果手中持有股票，则应该尽快卖出。

兔宝宝日 K 线如图 2-13 所示。

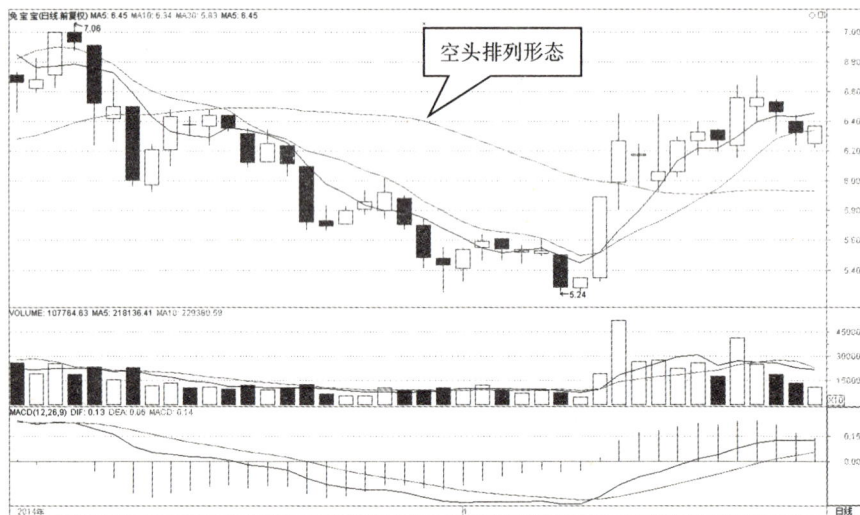

图 2-13　兔宝宝日 K 线

如图 2-13 所示，2014 年 12 月至 2015 年 1 月初，兔宝宝（002043）股价经过下跌后，其 5 日均线位于 10 日均线下方，10 日均线又位于 30 日均线下方。三条均线组成了空头排列形态。这个形态说明市场进

入了空方强势的行情，未来股价可能会持续下跌。看到这样的形态，投资者应该尽快卖出手中的股票，空仓观望后市。

当均线的空头排列形态被破坏时，说明市场将要结束下跌行情，有见底反弹的趋势，此时投资者可以关注后市走向。一旦股价走强，均线形成了多头排列，就说明下跌行情结束，上涨行情开始，此时投资者可以积极买入股票。

长江投资日 K 线如图 2-14 所示。

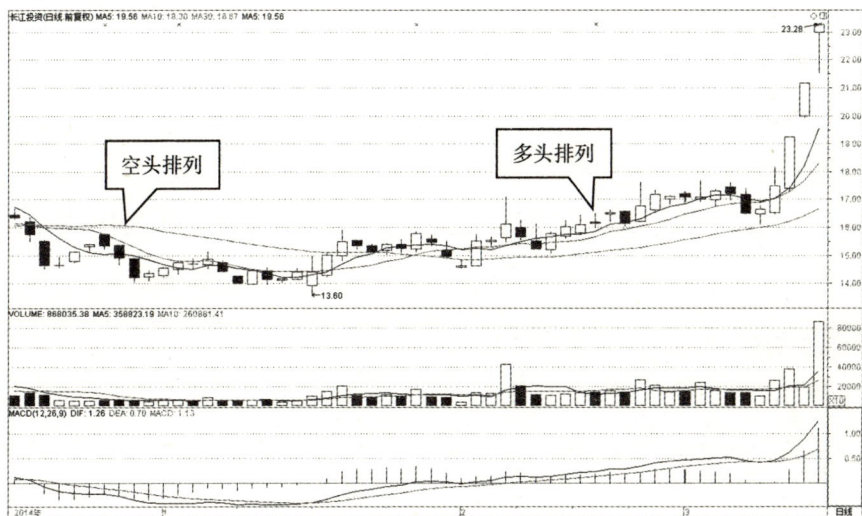

图 2-14　长江投资日 K 线

如图 2-14 所示，2014 年 12 月至 2015 年 1 月初，长江投资（600119）的 5 日均线、10 日均线和 30 日均线组成了空头排列形态。在这个过程中，投资者应该卖出股票并空仓观望。随后在该股见底反弹的过程中，空头排列被破坏，三条均线逐渐组成了多头排列。这样的形态说明下跌行情结束，上涨行情已经开始。看到这样的形态，投资者可以积极买入股票。

第四节　均线的银山谷、金山谷、死亡谷

金山谷、银山谷和死亡谷都是由三根均线围成的三角形区域。这样的区域出现在不同的行情中，会有不同的市场含义。

一、均线银山谷的买点

如果投资者使用 5 日均线、10 日均线和 30 日均线三条均线构成一个短、中、长期的均线组合。当股价结束下跌行情，开始反转时，如果 5 日均线连续突破 10 日均线和 30 日均线，而 10 日均线也突破 30 日均线时，连续三个交叉点之间就形成了一个三角形区域。这个三角形区域就被称为均线的银山谷。

均线的银山谷形态是十分可靠的看涨信号，说明股价已经有持续下跌行情，经过整理后进入上涨行情。看到这样的形态，投资者可以积极买入股票。并且在未来股价运行过程中，这个三角形所处的价位会成为股价下跌时的重要支撑区。

新国都日 K 线如图 2-15 所示。

如图 2-15 所示，2015 年 1 月，新国都（300130）股价见底反弹的过程中，其 5 日均线连续突破其 10 日均线和 30 日均线。随后，其 10 日均线也突破了 30 日均线。这三个连续的金叉形态组成了均线的银山谷。这说明股价已经由持续下跌行情逐渐进入上涨行情。

1 月 22 日，10 日均线突破 30 日均线，银山谷完成。这标志着股价已经进入上涨行情。此时投资者可以积极买入股票。

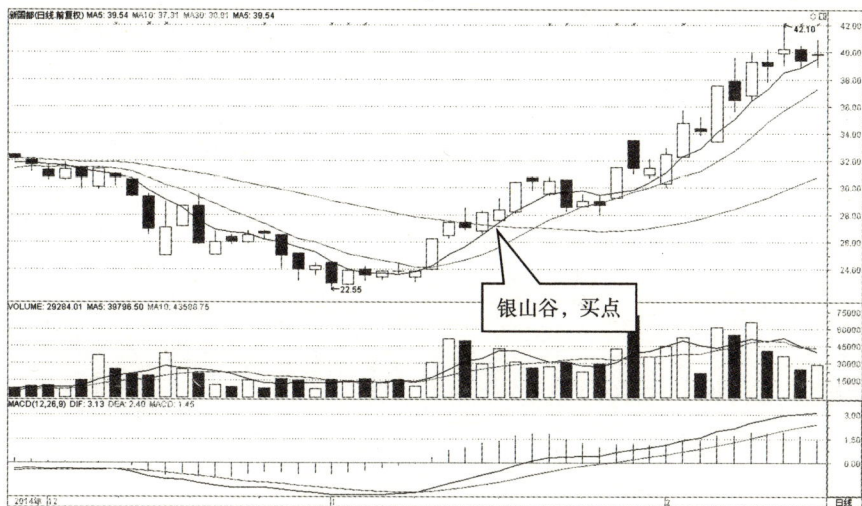

图 2-15 新国都日 K 线

二、均线金山谷的买点

均线的银山谷完成后，如果股价上涨一段时间后回落，而回落持续时间不长又再次上涨。并且再次上涨时，5 日均线连续突破 10 日均线和 30 日均线，而 10 日均线也突破 30 日均线时，连续三个交叉点之间又形成了一个三角形区域。这样的三角形区域就是均线的金山谷。

金山谷是在银山谷形态完成后出现的，其所处的价位可能与银山谷基本水平，也可能高于银山谷，但不会低于银山谷。

均线的金山谷是比银山谷更加强烈的看涨信号。该形态说明股价经过上涨一段时间后，有获利盘涌出，对股价形成一定压力。不过这些压力无法改变整体的上涨趋势，很快股价就重新进入涨势。这样的形态是对市场正处于强势上涨行情的验证，说明未来股价会持续上涨。看到这样的形态，投资者可以积极买入股票。

金山谷和银山谷相隔时间越长，所处的位置越高，日后股价的上升潜力就越大。

北京文化日 K 线如图 2-16 所示。

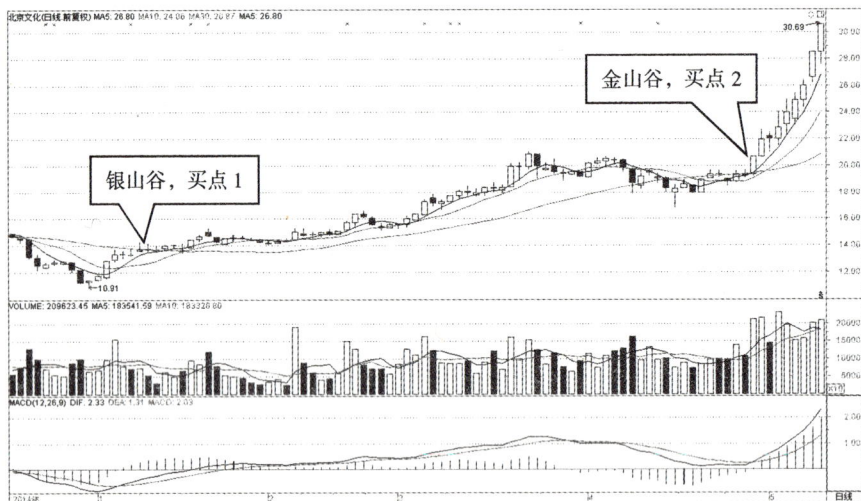

图 2-16　北京文化日 K 线

如图 2-16 所示，2015 年 1 月，北京文化（000802）股价见底反弹时，其 5 日均线、10 日均线和 30 日均线三条均线连续金叉，形成了银山谷形态。这是看涨买入信号。此时投资者可以积极买入股票，随后该股股价也持续上涨。

4 月，该股股价上涨至高位后回落。不过这次回落没有持续太长时间。当股价再次见底反弹时，5 日均线、10 日均线和 30 日均线再次形成了连续的金叉，组成金山谷形态。金山谷是比银山谷更加强势的看涨信号。看到这样的信号，投资者可以积极追高买入股票。

三、均线死亡谷的卖点

均线的死亡谷形态与金山谷、银山谷完全相反，出现在股价上涨后的见顶阶段。当股价见顶下跌时，如果 5 日均线连续跌破 10 日均线和 30 日均线，同时 10 日均线也跌破了 30 日均线，三个死叉中间围成了一个三角形区域，就形成了均线的死亡谷形态。该形态说明股价由持续上涨行情经过整理后逐渐进入了下跌行情，是十分强烈的看跌卖出信号。看到这样的信号，投资者应该尽快卖出手中的股票。

在未来的下跌过程中，死亡谷所处价位会成为股价反弹时重要的阻力位。

维维股份日 K 线如图 2-17 所示。

图 2-17 维维股份日 K 线

如图 2-17 所示，2014 年 12 月，维维股份（600300）股价见顶下跌。在下跌过程中，其 5 日均线连续跌破 10 日均线和 30 日均线，随后其 10 日均线也跌破了 30 日均线。这三个死叉组成了均线死亡谷形态。该形态说明股价由上涨行情逐渐进入了持续的下跌行情，是强烈的看跌卖出信号。当最终死亡谷形态完成时，下跌形态已经得到了确认。此时投资者应该尽快将手中的股票卖出。

第五节 均线的持续形态和反转形态

均线的持续形态和反转形态是指由一根均线反复涨跌波动而构成

的形态。根据不同的形态，可以代表不同的市场含义。

一、均线上涨持续形态的买点

均线上涨持续形态会出现在上涨行情中，说明经过一段时间的上涨行情，市场上的获利卖盘不断抛出，股价上涨压力增大，多空双方进入僵持的局面。随后如果均线能够突破整理区间继续上涨，就说明多方在僵持中胜出，预示着未来行情将继续上涨，形成看涨买入信号。

常见的上涨持续形态包括上涨矩形、上涨三角形和上涨旗形三种。

（1）上涨矩形。

上涨矩形是指均线上涨一段时间后，开始在高位反复震荡。震荡过程中，其最高点基本水平，最低点也基本水平。投资者可以以这段波动行情为基础在 K 线图上画一个矩形，将整个均线整理区域包括在其内，并且波动的最高点在矩形上边线上，最低点在矩形下边线上。

经过矩形整理一段时间后，如果均线能够向上突破了矩形上边线，就说明上涨趋势将会继续，此时投资者可以积极买入股票。

西藏发展日 K 线如图 2-18 所示。

图 2-18　西藏发展日 K 线

如图 2-18 所示，2014 年 12 月至 2015 年 1 月，西藏发展 （000752）上涨中途遇到阻力时，其 10 日均线指标形成了矩形整理形态。随后，当均线突破整理区间再次上涨时，说明上涨行情继续，此时投资者可以积极买入股票。

（2）上涨三角形。

上涨三角形形态是指均线上涨一段时间后，在高位整理时，其每次上涨的高点越来越低，低点越来越高。如果投资者将股价波动的高点和低点分别连接起来，就可以得到一个逐渐收敛的三角形形态。

经过三角形整理一段时间后，如果均线能够向上突破三角形上边线，就说明上涨趋势将会继续，此时投资者可以积极买入股票。

康力电梯日 K 线如图 2-19 所示。

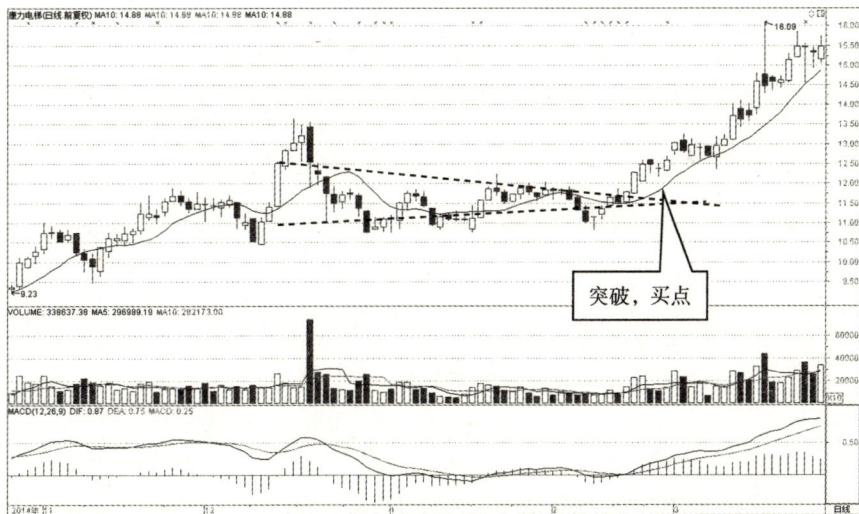

图 2-19　康力电梯日 K 线

如图 2-19 所示，2015 年 1~2 月，康力电梯 （002367） 股价上涨一段时间后遇阻调整。调整过程中其 10 日均线持续横盘整理，形成了三角形形态。

2 月底，当 10 日均线最终突破三角形上边线时，说明上涨行情将会继续，此时投资者可以积极买入股票。

（3）上涨旗形。

上涨旗形是指均线上涨一段时间后，小幅回调整理。投资者将回调时均线的高点和低点分别连接起来，可以得到两条向下倾斜的平行线。

随后的行情中，当均线突破旗形的上边线时，就是回调行情结束，上涨行情继续的信号。此时投资者可以积极买入股票。

深圳惠程日 K 线如图 2-20 所示。

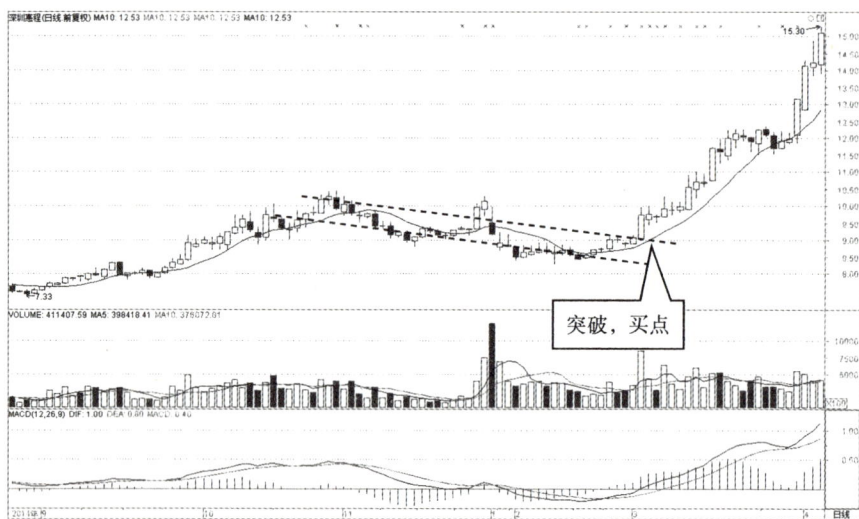

图 2-20　深圳惠程日 K 线

如图 2-20 所示，2014 年 11 月至 2015 年 2 月，深圳惠程（002168）均线上涨后回调整理，形成了旗形形态。随后，当均线突破旗形的上边线时，说明调整结束，上涨行情继续，此时投资者可以积极买入股票。

二、均线下跌持续形态的卖点

均线下跌持续形态会出现在下跌行情中，说明经过一段时间的下

跌行情，市场上出现了一部分抄底资金，对股价形成了一定的支撑力量，多空双方进入僵持的局面。随后如果均线跌破了整理区间继续下跌，就说明空方在僵持中胜出，预示着未来行情将继续下跌，形成看跌卖出信号。

常见的上涨持续形态包括下跌矩形、下跌三角形和下跌旗形三种。

（1）下跌矩形。

下跌矩形是指均线下跌一段时间后，开始在低位反复震荡。震荡过程中，其最高点基本水平，最低点也基本水平。投资者可以以这段波动行情为基础在 K 线图上画一个矩形，将整个均线整理区域包括在其内，并且波动的最高点在矩形上边线上，最低点在矩形下边线上。

经过矩形整理一段时间后，如果均线向下跌破了矩形下边线，就说明下跌趋势将会继续，此时投资者应该尽快卖出股票。

金山开发日 K 线如图 2-21 所示。

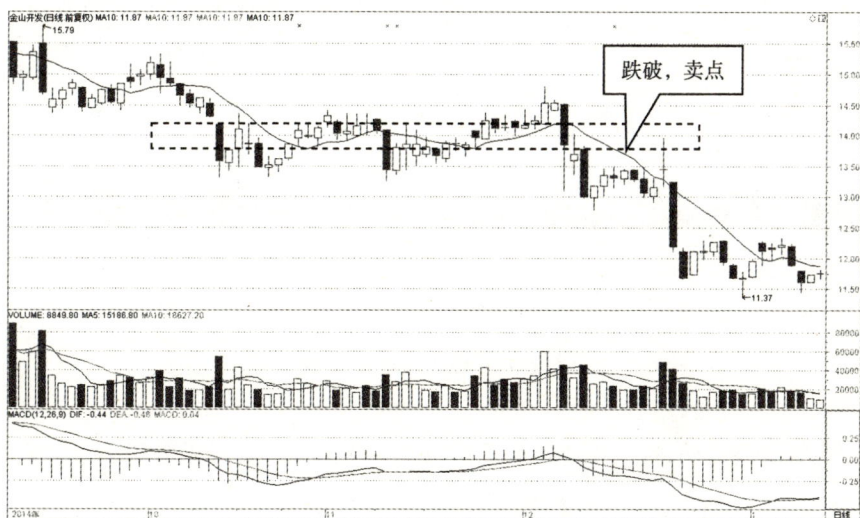

图 2-21　金山开发日 K 线

如图 2-21 所示，2014 年 10~12 月，金山开发（600679）股价下跌后获得一定支撑，开始在低位横盘整理。整理过程中，其 10 日均线形成了矩形形态。

整理一段时间后，当10日均线跌破矩形下边线时，说明下跌趋势将会继续。此时投资者应该卖出手中的股票。

（2）下跌三角形。

下跌三角形形态是指均线下跌一段时间后，在低位整理时，其每次上涨的高点越来越低，低点越来越高。如果投资者将股价波动的高点和低点分别连接起来，就可以得到一个逐渐收敛的三角形形态。

经过三角形整理一段时间后，如果均线向下跌破了三角形下边线，就说明下跌趋势将会继续，此时投资者应该尽快卖出手中的股票。

三安光电日K线如图2-22所示。

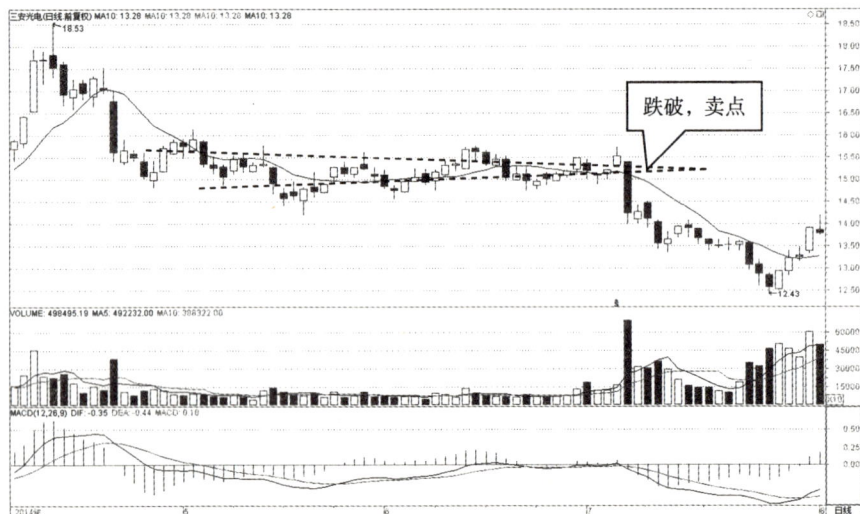

图 2-22　三安光电日 K 线

如图 2-22 所示，2014 年 5~7 月，三安光电（600703）持续下跌一段时间后，其 10 日均线形成了三角形整理形态。随后当均线跌破三角形下边线时，说明下跌行情将会继续。此时投资者应该尽快卖出手中的股票。

（3）下跌旗形。

下跌旗形是指均线下跌一段时间后，小幅反弹整理。投资者将反弹时均线的高点和低点分别连接起来，可以得到两条向上倾斜的平行线。

随后的行情中，当均线跌破旗形的下边线时，就是反弹行情结束，下跌行情继续的信号。此时投资者应该尽快卖出手中的股票。

佳电股份日 K 线如图 2-23 所示。

图 2-23 佳电股份日 K 线

如图 2-23 所示，2014 年 10~12 月，佳电股份（000922）下跌一段时间后小幅反弹。反弹时其 10 日均线形成了旗形整理形态。整理一段时间后，当 10 日均线跌破旗形下边线时，说明下跌行情开始。此时投资者应该尽快卖出手中的股票。

三、均线底部形态的买点

均线的底部形态会出现在均线下跌一段时间之后。这类形态出现，标志着之前的打压股价持续下跌的空方力量越弱，股价下跌后获得了强烈支撑。未来下跌行情将会结束，上涨行情即将开始，股价会持续上涨。这样的形态完成时，投资者可以积极买入股票。

常见的均线底部形态包括双底、三重底、头肩底等。

（1）双底。

行情下跌一段时间后获得支撑时，均线形成连续两个最低价基本水平的底部，就是双底。以第一个底部回调的高点为基础做水平线，可以得到双底形态的颈线。未来的行情中，一旦均线能够上涨，突破颈线，就是上涨行情已经开始的信号。此时投资者可以积极买入股票。

花园生物日 K 线如图 2-24 所示。

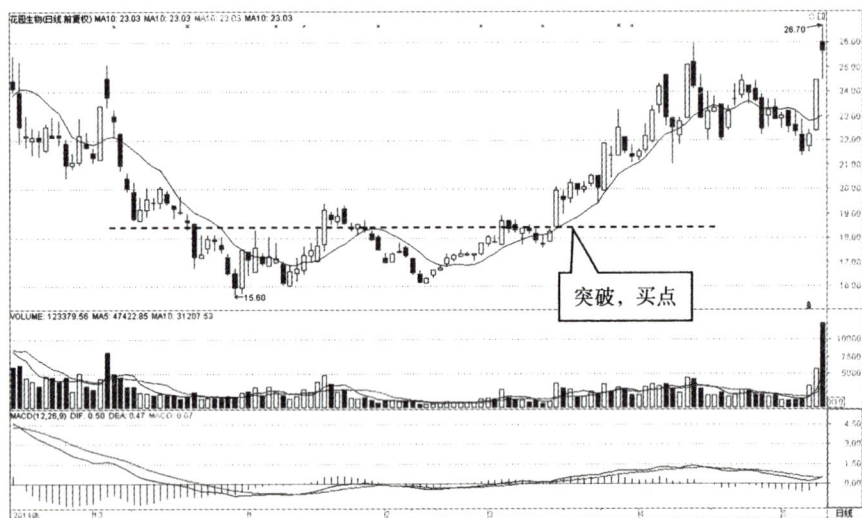

图 2-24　花园生物日 K 线

如图 2-24 所示，2015 年 1~2 月，花园生物（300401）的 10 日均线下跌至低位后，在横盘整理的过程中形成了双底形态。这样的形态说明该股将会见底反弹，是看涨信号。随后，当均线向上突破双底形态的颈线时，这说明双底形态完成，上涨行情开始，此时投资者可以积极买入股票。

（2）三重底。

三重底是指均线下跌一段时间后，获得较强支撑，在低位出现的

连续三个基本水平的底部。三重底中，前两个底部回调时所形成的高点也基本水平。用直线将前两次回调的高点连接起来，可以得到三重底的颈线。未来如果均线能够突破这条颈线，就标志着三重底形态完成，上涨行情开始。此时投资者可以积极买入股票。

佛塑科技日 K 线如图 2-25 所示。

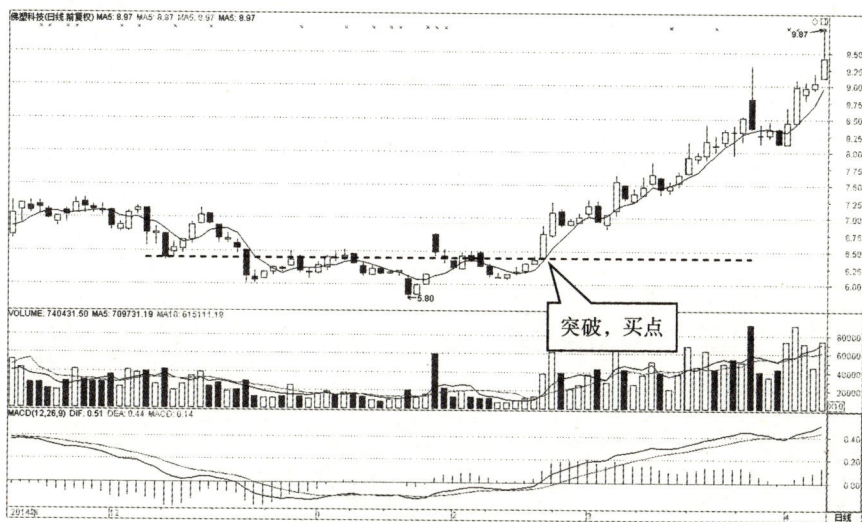

图 2-25　佛塑科技日 K 线

如图 2-25 所示，2014 年 12 月至 2015 年 2 月，佛塑科技（000973）的 5 日均线下跌至底部后，连续三次在同一个价位遇到阻力，形成了三重底。这样的形态说明股价有见底反弹的趋势。当均线突破三重底的颈线时，标志着上涨行情开始，此时投资者可以积极买入股票。

（3）头肩底。

头肩底形态是指均线在下跌行情尾端，形成的连续三个底部。三个底部从左到右依次叫作左肩、头部、右肩。左右两个肩部的最低点基本相同，中间头部的最低点略低。同时，在左肩和头部形成后的两次反弹过程中，均线基本在同一位置受到阻力回调。投资者将两次回调的高点用直线连接起来就可以得到该形态的颈线。

头肩底形态说明行情下跌后获得支撑，市场上空方力量逐渐减弱，多方力量增强。一旦均线突破头肩底的颈线，就是上涨行情开始的标志。此时投资者可以积极买入股票。

巨龙管业日 K 线如图 2-26 所示。

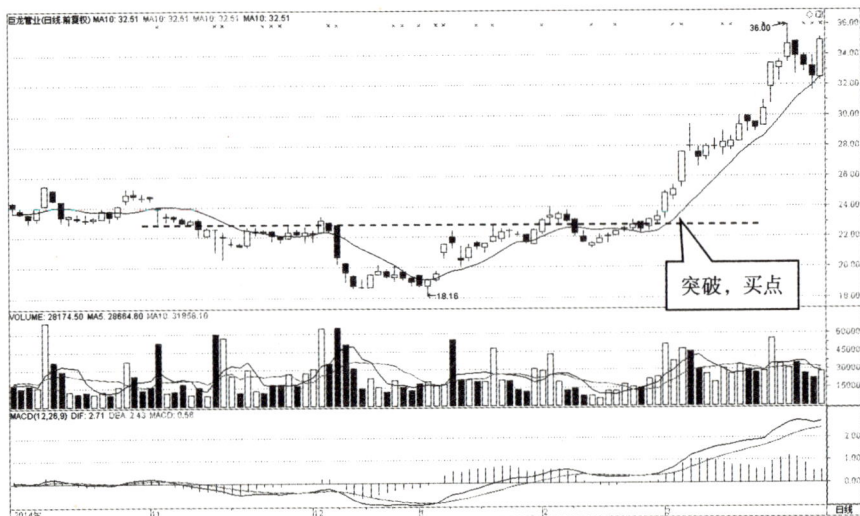

图 2-26　巨龙管业日 K 线

如图 2-26 所示，2014 年 11 月至 2015 年 2 月，巨龙管业（002619）的 10 日均线下跌至底部后形成了头肩底形态。这样的形态是未来行情将见底反弹的信号。随后，当 10 日均线突破头肩底的颈线时，就是该形态完成的标志。此时投资者可以积极买入股票。

四、均线顶部形态的卖点

均线的顶部形态会出现在均线上涨一段时间之后的顶部区间。这类形态出现，标志着之前推升股价的多方力量逐渐减弱，股价上涨后遭遇到了较强的抛盘压力。未来股价将会结束上涨，开始进入下跌行情。这样的形态完成时，投资者应该尽快卖出手中的股票。

常见的均线顶部形态包括双顶、三重顶、头肩顶等。

（1）双顶。

均线的双顶形态是指行情上涨一段时间后遭遇阻力时，均线的形成连续两个最高价基本水平的顶部。以双顶形态中第一个顶部回落的低点为基础做水平线，可以得到双顶形态的颈线。未来的行情中，一旦均线向下跌破颈线，就是下跌行情已经开始的信号。此时投资者应该尽快卖出股票。

民和股份日 K 线如图 2-27 所示。

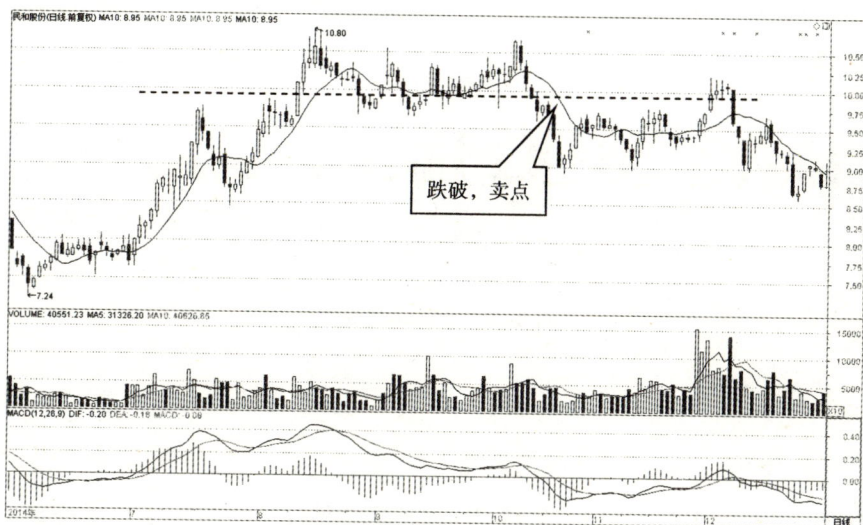

图 2-27 民和股份日 K 线

如图 2-27 所示，2014 年 8~10 月，民和股份（002234）的 10 日均线上涨至高位后，形成了双顶形态。这样的形态预示着未来股价将见顶下跌。随后当均线跌破双顶的颈线时，标志着下跌行情开始，此时投资者应该尽快卖出手中的股票。

（2）三重顶。

三重顶是指均线上涨遭遇巨大阻力后，在高位出现的连续三个基本水平的顶部。三重顶中，前两个顶部回落时所形成的低点也基本水平。用直线将这两个低点连接起来，就可以得到三重顶的颈线。未来如果均线跌破这条颈线继续向下，就标志着三重顶形态完成，下跌行情开始。此时投资者应该尽快卖出手中的股票。

太平洋日 K 线如图 2-28 所示。

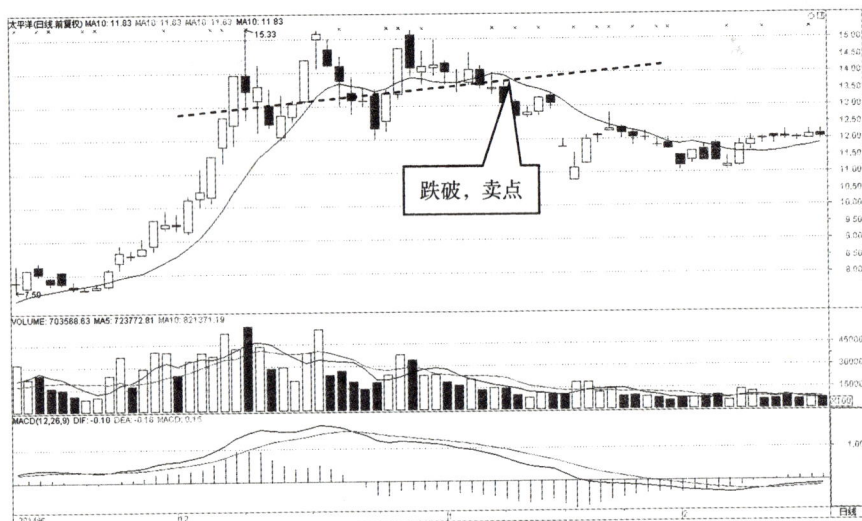

图 2-28　太平洋日 K 线

如图 2-28 所示，2014 年 12 月至 2015 年 1 月，太平洋（601099）上涨至高位后，其 10 日均线形成了三重顶形态。这样的形态说明行情上涨遇到较大阻力，是未来将会见顶下跌的信号。随后，当均线跌破颈线时，标志着下跌行情开始，此时投资者应该卖出手中的股票。

（3）头肩顶。

头肩顶形态是指均线在上涨行情尾端，形成的连续三个顶部。三个顶部从左到右依次叫作左肩、头部、右肩。左右两个肩部的最高点基本相同，中间头部的最高点略高于两肩。同时，在左肩和头部形成后的两次回落过程中，均线基本在同一位置获得支撑反弹。投资者将两次回落的低点用直线连接起来就可以得到该形态的颈线。

头肩底形态说明行情上涨一段时间后，遭遇到巨大抛盘压力，推升股价的多方力量逐渐减弱，空方力量增强。一旦均线跌破头肩

顶的颈线，就是下跌行情开始的标志。此时投资者应该尽快卖出手中的股票。

安泰科技日 K 线如图 2-29 所示。

图 2-29　安泰科技日 K 线

如图 2-29 所示，2014 年 8~10 月，安泰科技（000969）的 10 日均线上涨至高位后，形成了头肩顶形态。这个形态是市场上多方力量减弱，空方力量增强的信号。随后，当均线跌破头肩顶的颈线时，说明下跌行情开始，此时投资者应该尽快卖出手中的股票。

本节中所讲的上涨持续形态、下跌持续形态、底部形态和顶部形态，在 K 线走势中也会出现。与 K 线走势中的类似形态相比，使用均线进行这些形态判断的好处是可以过滤掉一些无效突破信号，使信号更加准确。同时带来的副作用则是信号会比 K 线走势中的对应信号更加滞后。投资者在实际交易过程中，可以同时参照 K 线和均线的信号，将仓位分成两个部分，分次交易。

第六节　均线的其他形态

除了以上各种常见的均线形态外，均线还可能组成一些特殊的形态。这些特殊形态往往意味着特殊的市场含义，是投资者操作时应该注意的重点。

一、老鸭头的买卖点

老鸭头均线的经典形态之一，这个形态中包含了庄家建仓、洗盘、拉升的一系列动作的组合。老鸭头形态由5日均线、10日均线和60日均线三条均线组成。

一个老鸭头包括鸭颈、鸭头顶、鸭鼻孔及鸭嘴四个部分。

鸭颈：5日均线、10日均线先后上穿60日均线后，两条均线持续上涨，形成鸭颈。

鸭头顶：上涨一段时间后，股价见顶回落，5日均线和10日均线也先后回落。回落时上方的弧顶区域形成鸭头顶。

鸭鼻孔：回落时，5日均线短暂跌破10日均线，但跌破的时间不长就再次突破10日均线。这个短暂的从跌破至突破之间的区域就是鸭鼻孔。

鸭嘴：5日均线突破10日均线后持续上涨，两条均线之间的距离逐渐发散，就形成鸭嘴。

在老鸭头形态中，5日均线、10日均线放量上穿60日均线形成鸭颈部时，说明庄家开始收集筹码，股价缓慢上升，此时投资者可以适当建仓。

随后鸭头顶形态出现时，说明庄家在洗盘。鸭头顶形成时间不长，就形成了鸭鼻孔和鸭嘴。这是庄家结束洗盘，开始继续拉升股价的信号。此时投资者可以积极加仓买入股票。

纽威股份日 K 线如图 2-30 所示。

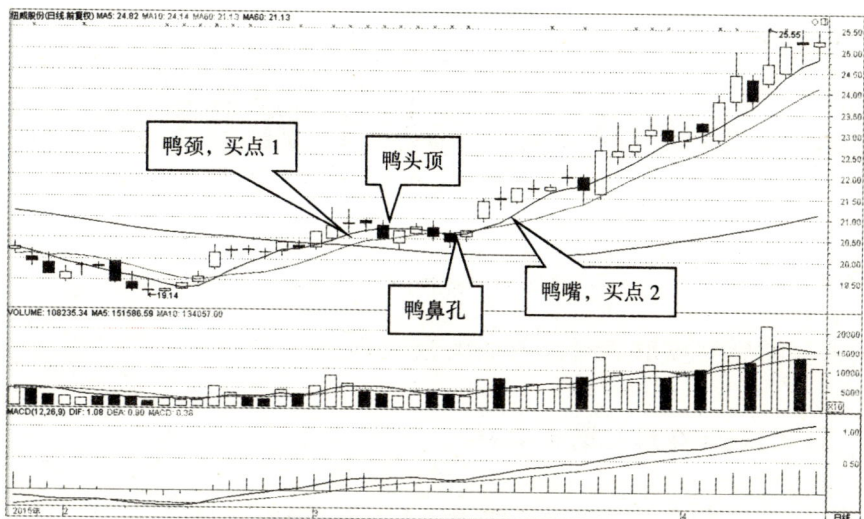

图 2-30　纽威股份日 K 线

如图 2-30 所示，2015 年 2 月底至 3 月初，纽威股份（603699）的 5 日均线、10 日均线和 60 日均线组成了老鸭头形态。这个形态说明庄家先是建仓买入，随后打压股价，最后继续拉升股价的过程。当鸭颈形成时，投资者可以先适当买入股票，随后鸭鼻孔与鸭嘴形成时，投资者可以积极加仓买入。

南京中北日 K 线如图 2-31 所示。

如图 2-31 所示，2015 年 2~4 月，南京中北（000421）行情上涨过程中，形成了老鸭头形态。在这个形态中，鸭颈持续的时间很长。这说明庄家拉升股价上涨时，并没有遇到太大阻力，也就没有急于洗盘。直到股价涨幅较大后，庄家才开始打压洗盘，并开始继续拉升。这样的形态同样是有效的看涨信号。当鸭颈出现时，投资者可以先建

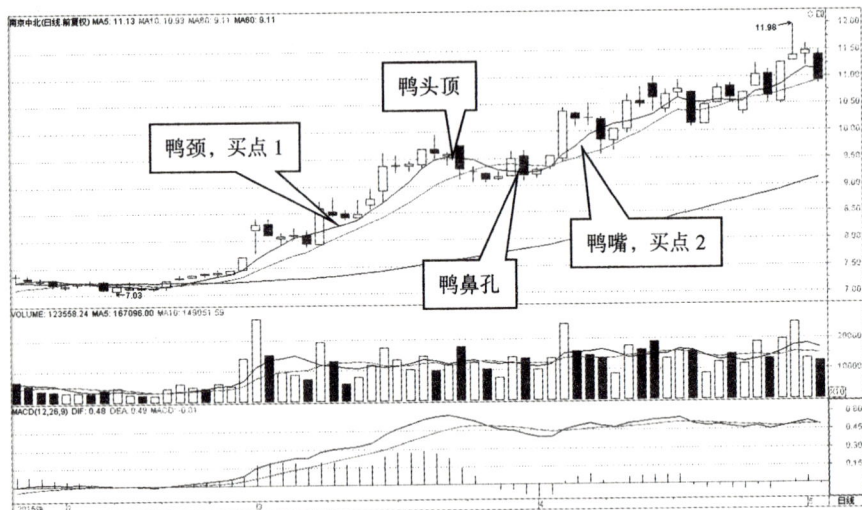

图 2-31　南京中北日 K 线

仓买入。随后鸭嘴形成时，再加大仓位。

二、三线开花形态的买卖点

三线开花形态是由 20 日均线、120 日均线、250 日均线三条均线组成的组合形态。这三条均线经过连续金叉穿越后，像喇叭花开花一样，形成极度分离的多头排列的特殊的技术形态，这就叫三线开花。按照具体的形态不同，三线开花可以分为并线三线开花、顺向三线开花和逆向三线开花。

（1）并线三线开花。

并线三线开花是指在三线开花的初始点，120 日均线与 250 日均线是处于极度接近的平行状态，此时 20 日均线从下向上穿越这两条均线的技术走势，形成均线的金叉穿越。

穿越后如果股票价格走势出现大幅放量的上涨行情，就预示并线三线开花走势成立，并将预示均线系统将要"开大花"，其隐含的技术意义就是股票价格将要大幅上涨。

珠江啤酒日 K 线如图 2-32 所示。

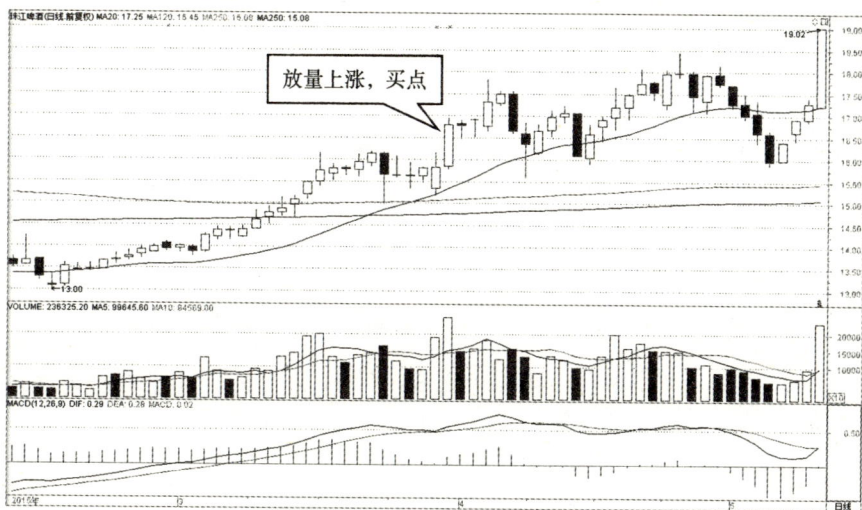

图 2-32 珠江啤酒日 K 线

如图 2-32 所示，2015 年 3 月，珠江啤酒（002461）的 120 日均线与 250 日均线处于极度接近的平行状态，在这个过程中，其 20 日均线从下向上穿越这两条均线，形成了并线三线开花形态。随后，该股股价放量上涨。这预示着一轮大幅上涨行情即将展开，此时投资者可以积极买入股票。

（2）顺向三线开花。

顺向三线开花是指在三线开花的初始点，120 日均线与 250 日均线是顺向交叉的状态，即 120 日均线从下向上穿越 250 日均线，形成两条长期均线的黄金交叉。在这个金叉的前后，20 日均线从下向上穿越这两条均线交叉点的技术走势形态。

如果三条均线形成顺向三线开花的技术走势，并且在穿越的过程中成交量有效放大，就预示顺向三线开花走势成立。

中泰化学日 K 线如图 2-33 所示。

如图 2-33 所示，2014 年 5~6 月，中泰化学（002092）的 120 日均线从下向上穿越 250 日均线，形成长期均线的金叉。在此之前，其 20 日均线已经由从下向上穿越这两条均线。这个过程中，成交量持续

图 2-33　中泰化学日 K 线

放大。这预示着未来行情将会持续上涨。在这个过程中，投资者可以积极买入股票。

（3）逆向三线开花。

逆向三线开花是指在三线开花的初始点，120 日均线与 250 日均线形成死亡交叉，即 120 日均线下穿 250 日均线。在死叉形成的前后，20 日均线由下向上穿越这个交叉点的技术走势形态。

形成逆向三线开花形态，预示着股票将要走牛，但在 20 日均线穿越 120 日均线和 250 日均线交叉点时，应有成交量有效放大的支持，这样逆向三线开花形态才成立。

中视传媒日 K 线如图 2-34 所示。

如图 2-34 所示，2014 年 7 月底至 8 月，中视传媒（600088）的 120 日均线与 250 日均线形成死亡交叉，随后其 20 日均线先后突破了这两条均线，形成逆向三线开花形态。在突破过程中，成交量大幅放大。这说明未来行情将会持续上涨。看到这样的形态，投资者可以积极买入股票。

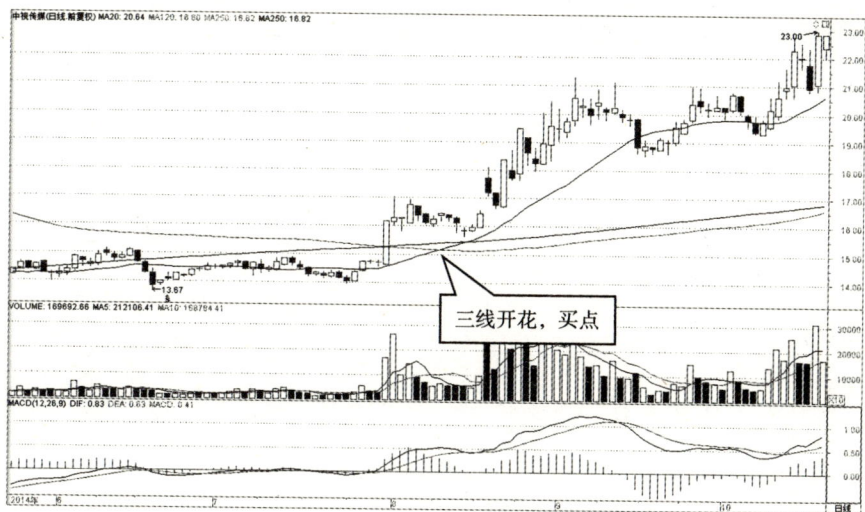

图 2-34 中视传媒日 K 线

三、火车轨形态的买卖点

火车轨形态由 120 日均线和 250 日均线两条均线组成。根据具体形态和市场含义不同，可以分为顺向火车轨和逆向火车轨两种。

（1）顺向火车轨。

顺向火车轨是指 120 日均线突破 250 日均线形成金叉后两条均线近乎于平行线，稳健上涨的形态。出现火车轨形态的股票体现出的是强庄高度控盘的表现。看到这样的形态，投资者可以积极追高买入股票。

如果出现顺向火车轨的同时，20 日均线小幅回落到 120 日均线位置获得支撑上涨，则是投资者逢低买入股票的机会。

中能电气日 K 线如图 2-35 所示。

如图 2-35 所示，2014 年 5 月起，中能电气（300062）的 120 日均线与 250 日均线形成金叉后，几乎平行上涨。这是上涨行情十分稳健的信号。在上涨过程中，投资者可以积极追高买入。当 20 日均线回落至 120 日均线位置获得支撑时，则是投资者逢低买入股票的机会。

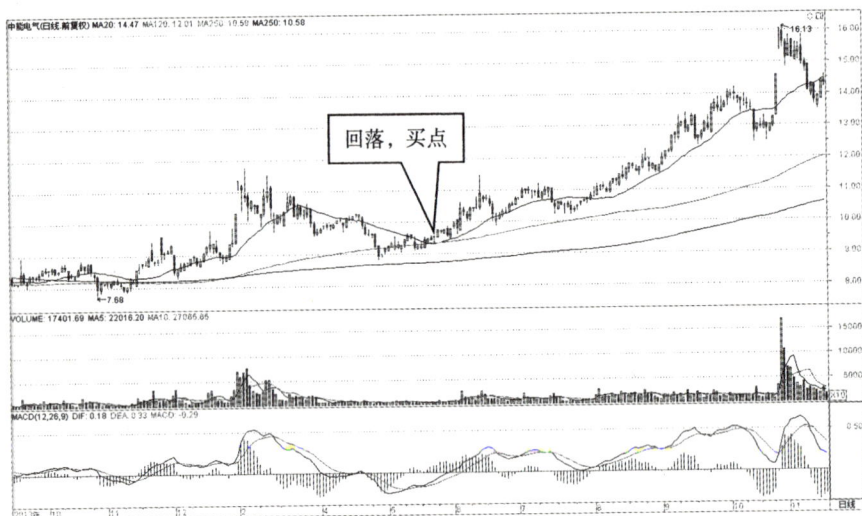

图 2-35　中能电气日 K 线

（2）逆向火车轨。

逆向火车轨是指 120 日均线跌破 250 日均线形成死叉后两条均线近乎于平行线，稳健下跌的形态。出现逆向火车轨形态说明股价处于持续的下跌行情中，这种行情在短期内很难改变。看到这样的形态，投资者应该尽快卖出手中的股票。

逆向火车轨形成后，如果 20 日均线小幅反弹到 120 日均线位置遇到阻力下跌，则是投资者逢高卖出股票的机会。

中航重机日 K 线如图 2-36 所示。

如图 2-36 所示，2014 年 2 月起，中航重机（600765）的 120 日均线与 250 日均线形成死叉后，几乎平行下跌。这是下跌行情将会持续较长时间的信号。看到这样的信号，投资者应该尽快卖出股票。在这个过程中，当 20 日均线反弹至 120 日均线位置遇到阻力下跌时，就是投资者卖出股票的机会。

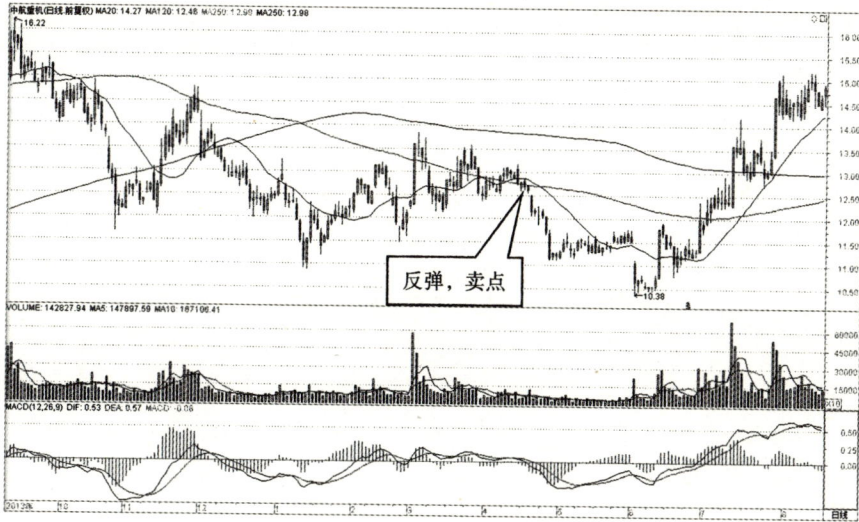

图 2-36　中航重机日 K 线

第三章　实战图解均线形态与K线

第一节　K线应用入门

K线是指股票走势中的 K 线图，源于日本德川幕府时代（1603~1867 年），被当时日本米市的商人用来记录米市的行情与价格波动，后因其细腻独到的标画方式而被引入证券市场。

通过 K 线图，投资者可以直观了解到一段时间内的市场行情走向，并且对未来的行情走向作出预测。

一、K 线的基本构造

按照一个交易日内股价涨跌的不同，K 线可以分为阳线和阴线。阳线显示该交易日的股价上涨，一般显示为红色或者白色。阴线显示该交易日内股价下跌，一般显示为绿色或者黑色。无论阳线或者阴线，都可以显示一个交易日的四个价格，分别是开盘价、收盘价、最高价及最低价，如图 3-1 所示。

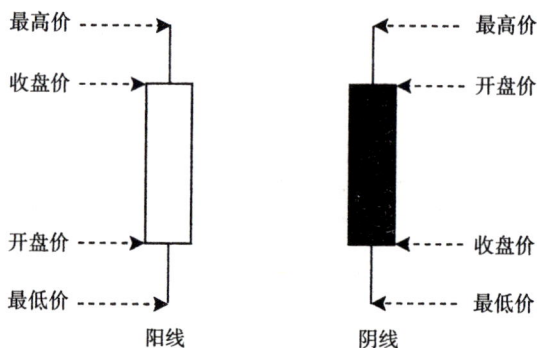

图 3-1　阳线和阴线

二、K 线的底部反转形态

在行情持续下跌一段时间后的底部区域，如果打压股价下跌的空方力量逐渐减弱，多方力量逐渐聚集起来并将股价向上推升，表现在 K 线图上，就会形成一定的特殊形态。这样的 K 线形态就是底部反转形态。

亿纬锂能日 K 线如图 3-2 所示。

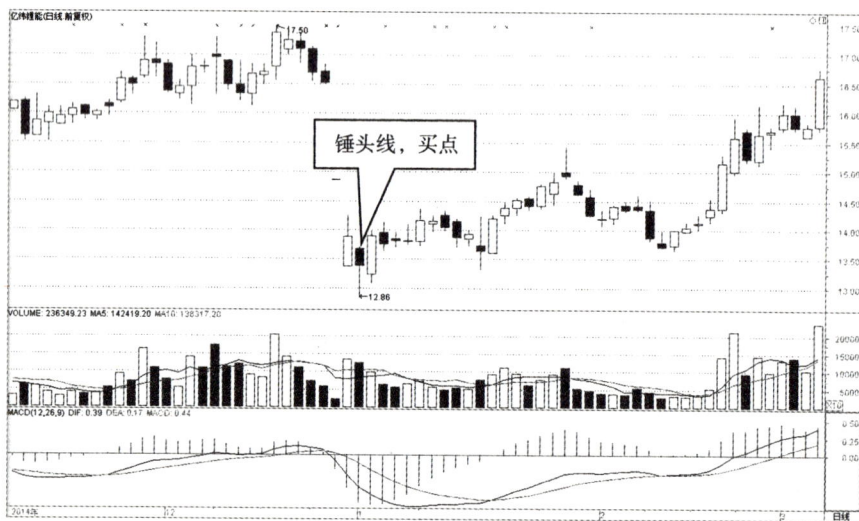

图 3-2　亿纬锂能日 K 线

如图 3-2 所示，2015 年 1 月 5 日，亿纬锂能（300014）股价下跌

至低位后，形成一根带有长下影线，但上影线很短的 K 线。其下影线长度超过实体长度的 2 倍。

这样的 K 线被称为锤头线，表示股价在盘中下跌到一定程度后获得多方较强的支撑。之前，由空方主导的单边下跌行情已经结束。多方力量正在逐渐复苏。因此，这是一个看涨买入信号。看到这样的形态，投资者可以积极买入股票。

银亿股份日 K 线如图 3-3 所示。

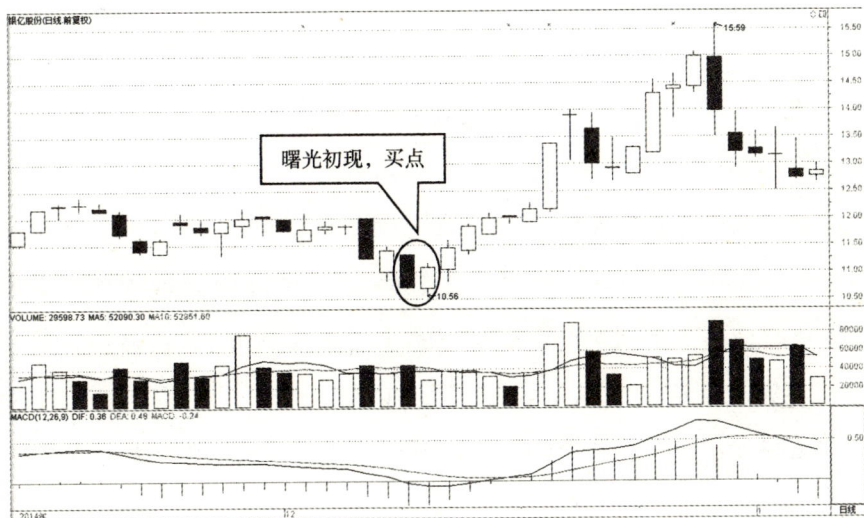

图 3-3 银亿股份日 K 线

如图 3-3 所示，2014 年 12 月，银亿股份（000981）股价下跌一段时间后，首先出现一根阴线。之后一个交易日股价低开高走，收出一根阳线。这根阳线的开盘价虽然低于阴线的收盘价，但是其收盘价已经深入到阴线实体的 1/2 以上处。

这样的 K 线组合形态称为曙光初现形态。显示股价下跌一段时间后获得多方的强力支撑。未来股价将在多方的推动下持续上涨。看到这样的形态，投资者可以积极买入股票。

园城黄金日 K 线如图 3-4 所示。

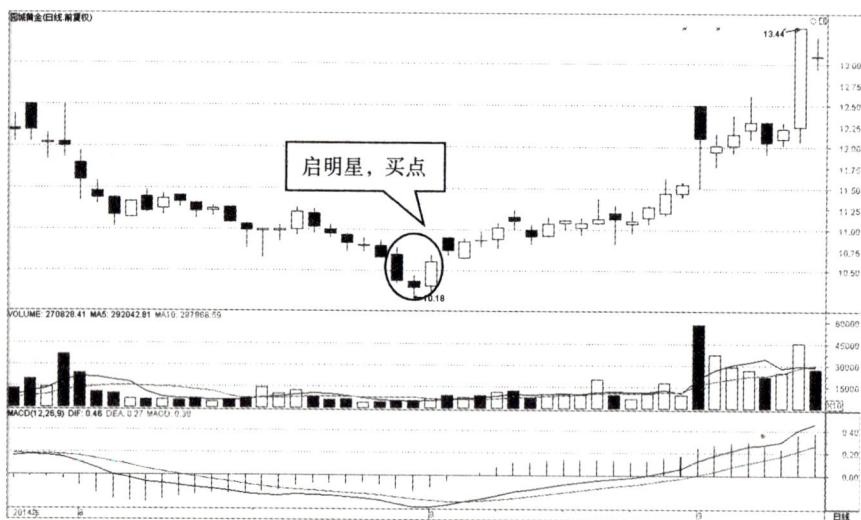

图 3-4　园城黄金日 K 线

如图 3-4 所示，2014 年 8 月，园城黄金（600766）下跌至低位后，首先出现一根阴线。之后一个交易日，股价在前日阴线的收盘价附近反复震荡，最终收出实体很短的十字线。第三个交易日，股价持续上涨，至收盘时已经基本收复了之前那根阴线的跌幅。这样的阴线、十字线和阳线的组合被称为启明星形态，是一种典型的 K 线底部反转形态。

启明星形态中的第一根阴线说明下跌行情还在继续，空方占优势。之后的十字线说明市场进入多空僵持行情。最后一根阳线则说明多方开始占优势。因此，整个启明星形态就说明了一个空方力量持续变弱，多方力量持续增强的过程。这是行情即将由下跌趋势进入上涨趋势的信号。看到这样的形态，投资者可以积极买入股票。

三、K 线的顶部反转形态

在行情持续上涨一段时间的顶部区域，如果将股价向上拉升的多方力量越来越弱，市场上的空方力量逐渐增强，对股价上涨形成一定

的压力，表现在 K 线图上，就会形成一定的特殊形态。这样的 K 线形态就是顶部反转形态。

易联众日 K 线如图 3-5 所示。

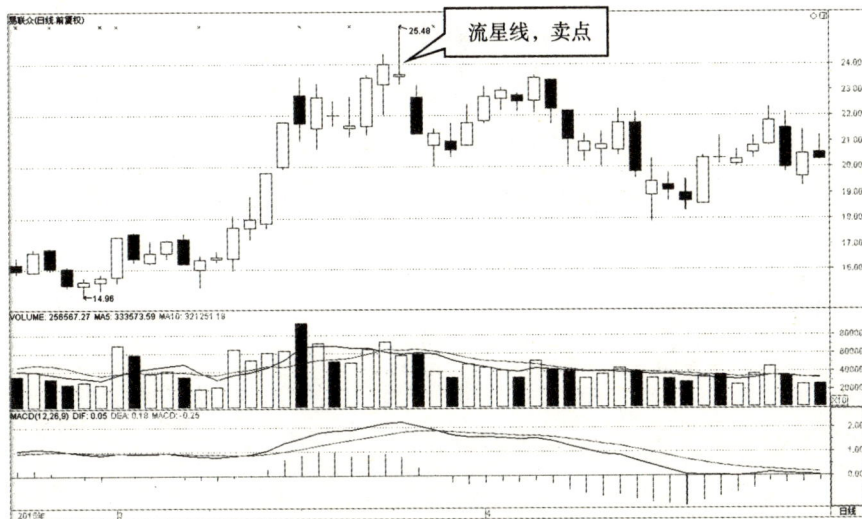

图 3-5　易联众日 K 线

如图 3-5 所示，2015 年 3 月 25 日，易联众（300096）股价上涨一段时间后，出现了一根带有长上影线的 K 线。其上影线长度超过实体长度的 2 倍。

这样的 K 线被称为流星线，说明股价上涨遇到巨大阻力，虽然在盘中有所上涨，但截至收盘时已经被打回原形。这是一个看跌卖出信号。看到这样的信号，投资者应该尽快卖出股票。

宜安科技日 K 线如图 3-6 所示。

如图 3-6 所示，2015 年 4 月，宜安科技（300328）股价上涨一段时间后，首先出现一根阳线。而之后一个交易日，股价则高开低走，最终收出阴线。且这根阴线的收盘价深入到前边阳线的 1/2 以下。

这样的 K 线组合形态称为乌云盖顶形态。形态中的前一根阳线是多方强势的信号，而之后的阴线则说明股价上涨一段时间后遇到巨大阻力，空方开始打压股价下跌。因此，这是一个看跌卖出信号。看到这样的形态，投资者应该尽快卖出股票。

阳泉煤业日 K 线如图 3-7 所示。

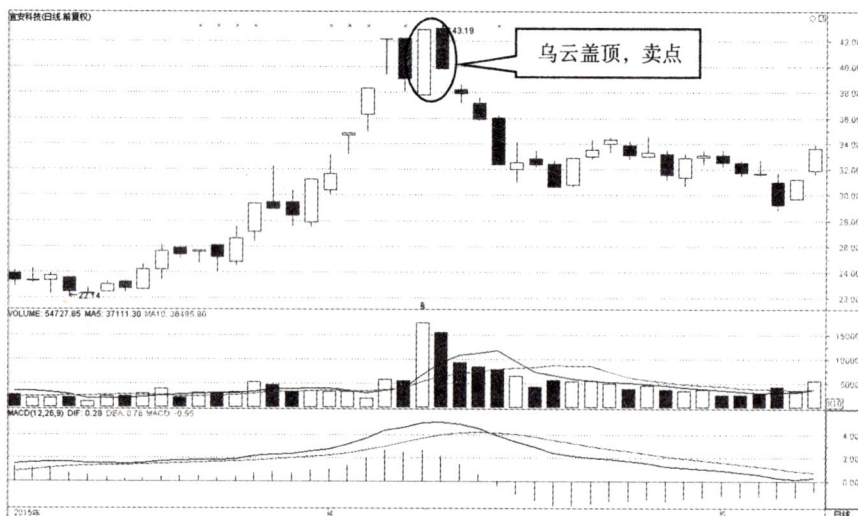

图 3-6　宜安科技日 K 线

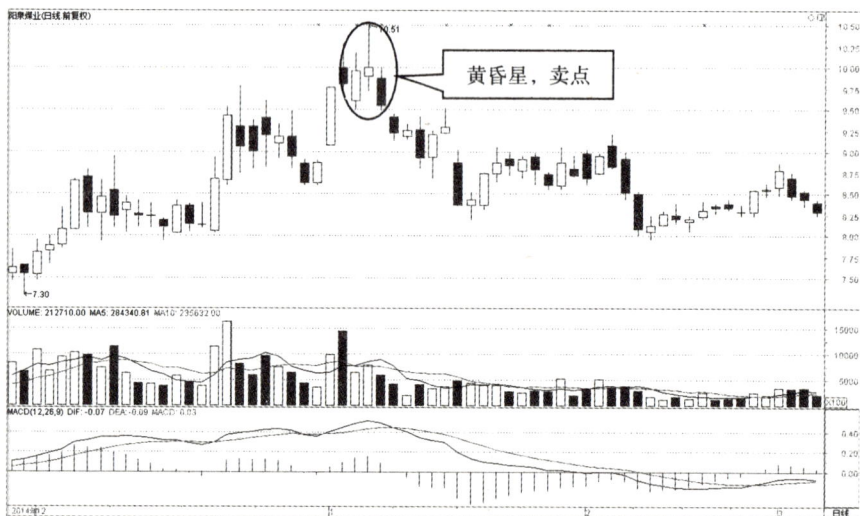

图 3-7　阳泉煤业日 K 线

如图 3-7 所示，2015 年 1 月初，阳泉煤业（600348）。股价上涨

一段时间后,首先出现一根阳线。之后又出现了一根十字线。第三个交易日股价下跌,收出一根阴线。而且这根阴线实体深入到第一根阳线实体的内部。

这样的 K 线组合称为黄昏星形态。形态中的第一根阳线说明股价正在上涨,市场上多方占优势。随后的十字线则说明多空僵持。最后一根阴线说明空方在僵持中胜出,股价开始在空方主导下下跌。因此,黄昏星形态说明市场上由多方主导的上涨行情进入空方主导的下跌行情。这是股价见顶下跌的信号。看到这样的形态,投资者应该尽快卖出股票。

四、K 线的上涨持续形态

在持续的上涨行情中,当出现一些 K 线形态时,标志着上涨行情将要继续。这类 K 线形态就是上涨持续形态。

亚星化学日 K 线如图 3-8 所示。

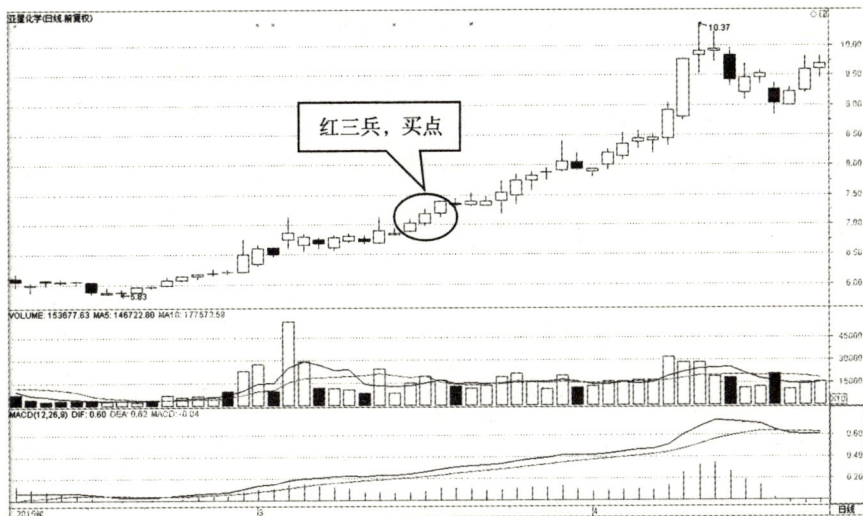

图 3-8 亚星化学日 K 线

如图 3-8 所示,2015 年 3 月,亚星化学(600319)上涨过程中,出现三根连续上涨的红色小阳线，组成了红三兵 K 线组合形态。

在红三兵形态的形成过程中，股价的整体涨幅并不大。但这种形态预示着多方正在积攒力量，未来股价可能会持续上涨。看到这样的形态，投资者可以积极追高买入股票。

永贵电器日 K 线如图 3-9 所示。

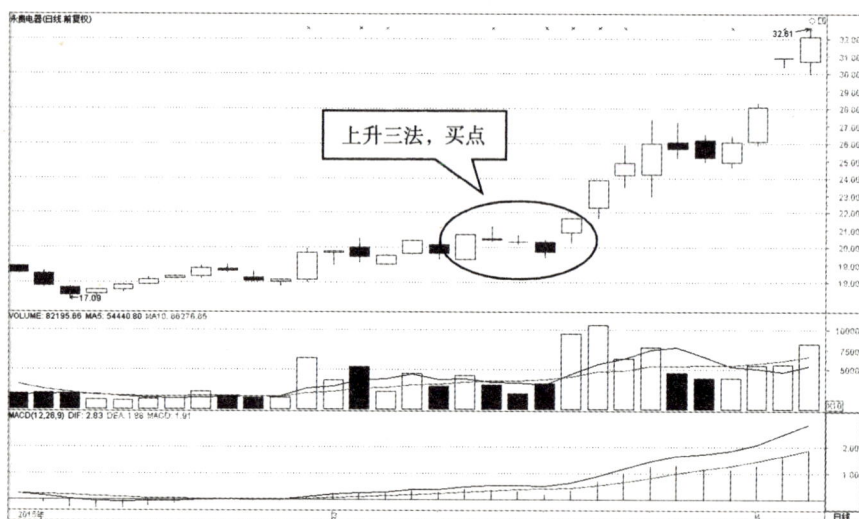

图 3-9　永贵电器日 K 线

如图 3-9 所示，2015 年 3 月，永贵电器（300351）上涨过程中，首先形成一根阳线。随后三个交易日，股价连续小幅回落，不过回落幅度很小。到第五个交易日，股价大幅上涨，一举收复这三个交易日的跌幅。

这样由五根 K 线组成的组合叫作上升三法形态。上升三法形态说明在上涨过程中，股价上涨遇到一定阻力，不过这种阻力很弱。随后，当股价在第五个交易日上涨时，标志着回调行情结束，股价将会继续上涨。此时投资者可以积极买入股票。

五、K线的下跌持续形态

在持续的下跌行情中，当出现一些K线形态时，标志着下跌行情将要继续。这类K线形态就是下跌持续形态。

毅昌股份日K线如图3-10所示。

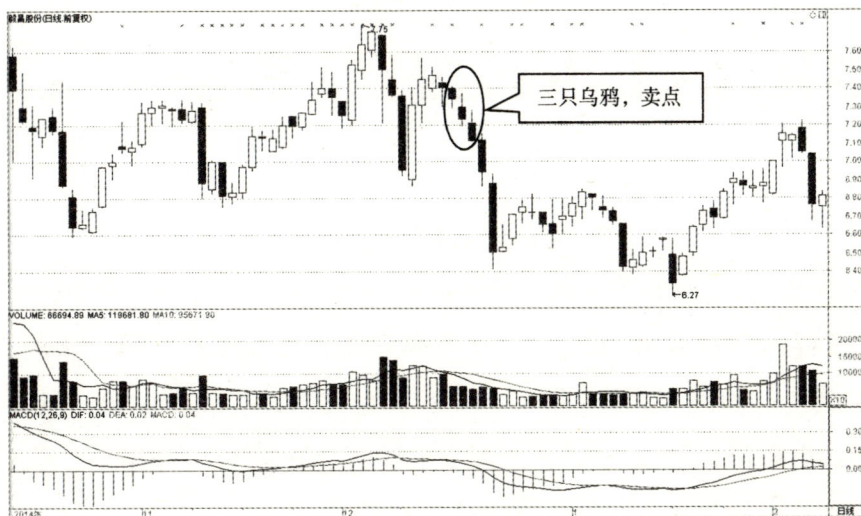

图3-10　毅昌股份日K线

如图3-10所示，毅昌股份（002420）见顶下跌时，在K线图上出现了连续三根依次下跌的小阴线。这三根阴线构成了三只乌鸦形态。

三只乌鸦形态整体的跌幅并不大。但是这一形态意味着市场上的空方力量正在逐渐集聚，未来股价可能会遭到持续打压。因此，这是十分强烈的看跌信号。看到这样的形态，投资者应该尽快卖出手中的股票。

阳谷华泰日K线如图3-11所示。

如图3-11所示，2014年12月，阳谷华泰（300121）股价持续下跌一段时间后，首先形成一根阴线。随后三个交易日，股价连续反弹，不过反弹的涨幅非常有限。到第五个交易日，股价大幅下跌，一举吞没前三个交易日的反弹幅度。

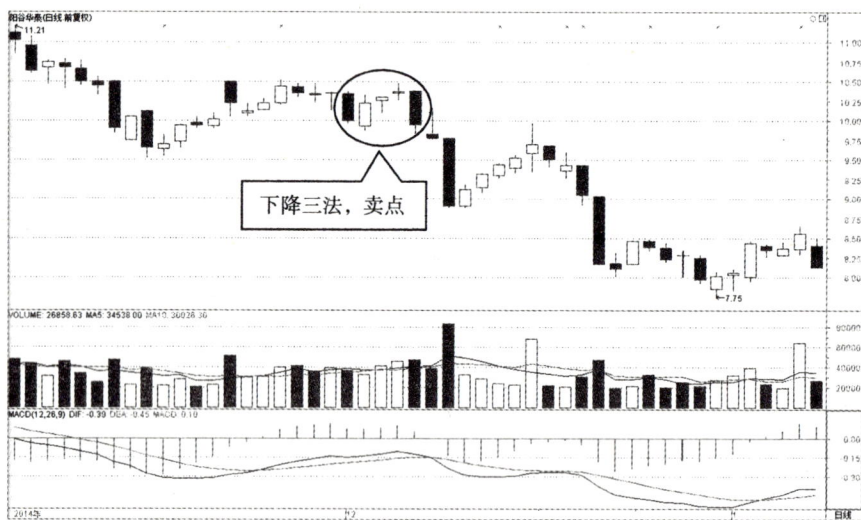

图 3-11　阳谷华泰日 K 线

　　这样由五根 K 线组成的组合叫作下降三法形态。下降三法形态说明在下跌过程中，股价获得了一定的买盘支撑，不过支撑的力量很弱。随后，当股价在第五个交易日再次下跌时，标志着反弹结束，股价将会继续下跌。此时投资者应该尽快卖出股票。

第二节　均线对 K 线的阻力和支撑

　　K 线涨跌过程中，很容易在一些特殊的均线位置遇到支撑或者阻力。当这样的形态出现时，就是投资者交易股票的机会。

一、K 线在均线获得支撑的买点

　　均线可以近似地代表一段时间内的平均股价。大量投资者在这个价位交易股票，说明这是投资者比较认可的一个买入价格。当 K 线自上方下跌到均线附近时，会有更多的投资者逢低买入，这些买盘会对K线形成一定的支撑力量。股价获得支撑后，未来将会持续上涨。

因此，当投资者看到股价在均线附近放量获得支撑时，就可以积极买入股票。

深天地A日K线如图3-12所示。

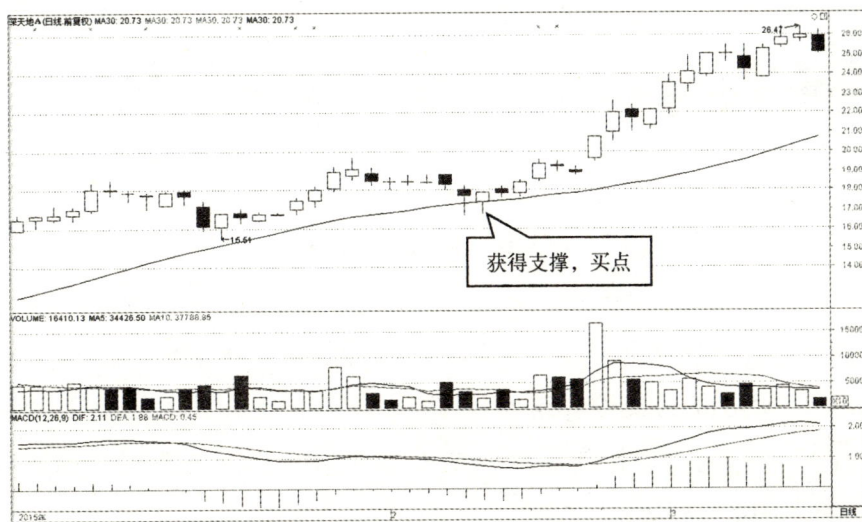

图3-12　深天地A日K线

如图3-12所示，2015年2月初，深天地A（000023）K线下跌至其30日均线附近后获得支撑上涨。同时可以看到，K线获得支撑时，形成了连续两个锤头线形态。看到这样的形态，投资者可以积极买入股票。

一旦K线能够在某条均线位置获得支撑，那么这条均线对K线的支撑作用就得到了验证。未来的行情中，当K线再次下跌至这条均线附近时，还会获得支撑，继续上涨。每次获得支撑时，都是投资者逢低买入的机会。

浔兴股份日K线如图3-13所示。

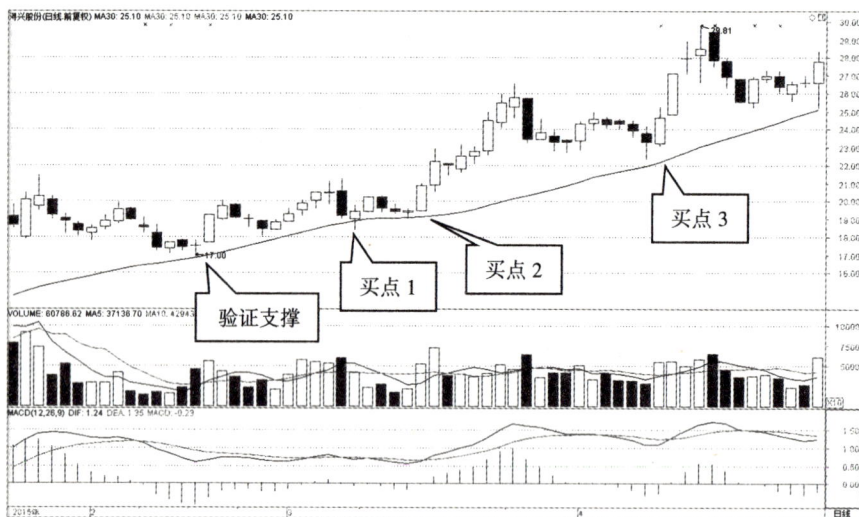

图 3-13　浔兴股份日 K 线

如图 3-13 所示，2015 年 2 月，浔兴股份（002098）K 线下跌至 30 日均线附近获得支撑。这验证了 30 日均线是 K 线上涨重要的支撑线。随后的行情中，K 线每次回落至均线附近获得支撑时，都是投资者逢低买入股票的机会。

二、K 线在均线遇到阻力的卖点

均线可以近似的代表一段时间内的平均股价。当 K 线自下方上涨至均线附近时，就接近了过去一段时间买入股票投资者的评价持仓成本，大量投资者面临被套牢的风险。这会引发大量投资者抛出手中的股票，对股价上涨形成压力。未来股价会面临见顶下跌的风险。

因此，当看到 K 线上涨至均线附近遇阻时，说明股价将会见顶下跌，此时投资者应该尽快卖出手中的股票。

赞宇科技日 K 线如图 3-14 所示。

如图 3-14 所示，2014 年 12 月，赞宇科技（002637）K 线上涨至其 30 日均线附近遇到巨大阻力。这是未来该股会持续下跌的信号。同

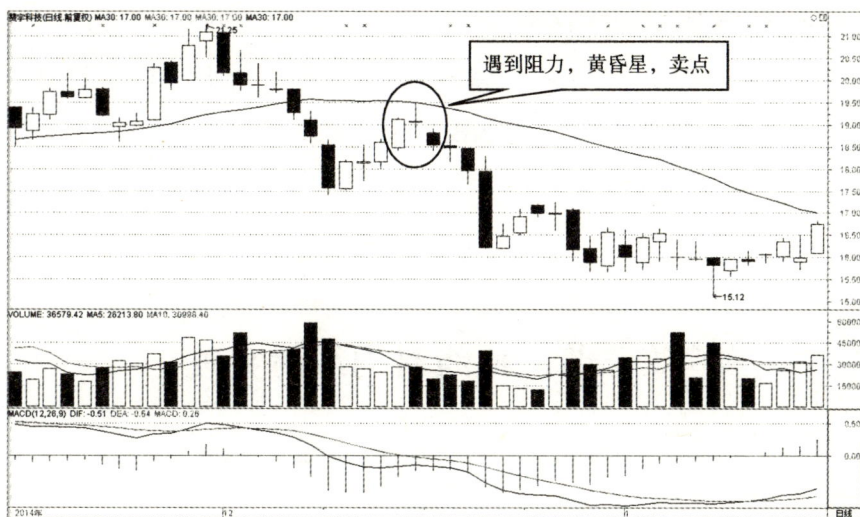

图 3-14　赞宇科技日 K 线

时可以看到，此时的 K 线组成了黄昏星的 K 线组合，这同样是股价将见顶下跌的信号。看到这样的信号，投资者应该尽快卖出手中的股票。

　　一旦 K 线上涨至某条均线遇阻，就验证了这条均线的阻力作用。在未来的行情中，当 K 下上涨至这条均线附近时，还有可能会遇阻下跌。每次 K 线遇阻时，都是投资者逢高卖出股票的机会。

　　上海凯宝日 K 线如图 3-15 所示。

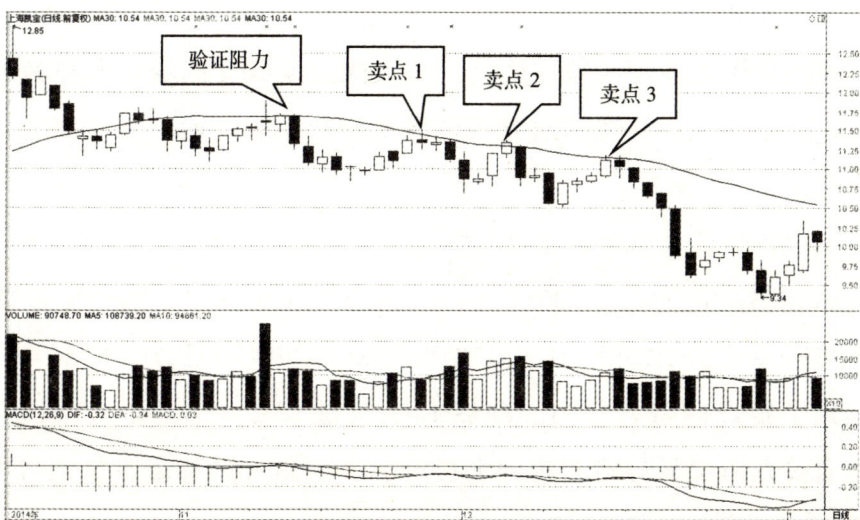

图 3-15　上海凯宝日 K 线

如图 3-15 所示，2014 年 11 月，上海凯宝（300039）的 K 线上涨至 30 日均线附近遇阻下跌。这验证了均线是股价上涨重要的阻力位。随后的行情中，K 线多次上涨至均线附近遇阻下跌。每次上涨遇阻时，都是投资者逢高卖出的机会。

第三节　K 线对均线的突破

K 线反映当前股价的运行状态，而均线反映一段时间内的平均股价。这两个指标交叉时，会形成特殊的市场含义。

一、K 线向上突破均线的买点

如果在过去的行情中，K 线在某条均线位置遇阻下跌，就验证了该均线是 K 线上涨重要的阻力线。如果未来 K 线再次上涨时能够突破该均线的阻力，则说明上涨行情十分强势，多方正在持续的拉升股价。此时投资者可以积极买入股票。

有阻力作用的均线被突破后，很可能会变成支撑线。未来 K 线下跌时，这条均线往往能够起到较强的支撑作用。这时是投资者逢低买入的机会。

国旅联合日 K 线如图 3-16 所示。

如图 3-16 所示，2014 年 12 月至 2015 年 1 月，国旅联合（600358）K 线下跌过程中，多次遇到 20 日均线的阻力。20 日均线此时起到了很强的阻力作用。随后 K 线放量上涨，突破了 20 日均线，这说明多方力量强势将股价向上拉升。看到这样的形态，投资者可以积极买入股票。

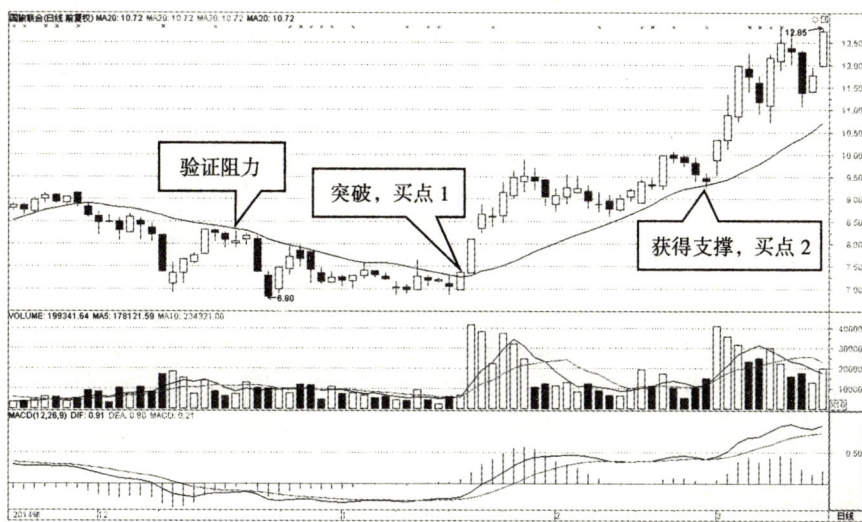

图 3-16 国旅联合日 K 线

在随后的上涨行情中，20 日均线变成了股价下跌重要的支撑线。当股价下跌至这个位置时，获得支撑继续上涨。此时是投资者加仓买入股票的机会。

二、K 线向下跌破均线的卖点

如果在过去的行情中，K 线在某条均线位置多次获得支撑上涨，就验证了该均线是 K 线回落时重要的支撑线。如果未来 K 线见顶下跌时跌破了该均线的阻力，则说明下跌行情十分强势，这样的强势下跌行情会带来长时间比较大的跌幅。看到这样的形态，投资者应该尽快卖出手中的股票。

均线支撑线被跌破后，很可能会变成阻力线。未来 K 线反弹时，这条均线往往会起到较强的阻力作用，打压股价持续下跌。这时是另一个逢高卖出股票的机会。

阳普医疗日 K 线如图 3-17 所示。

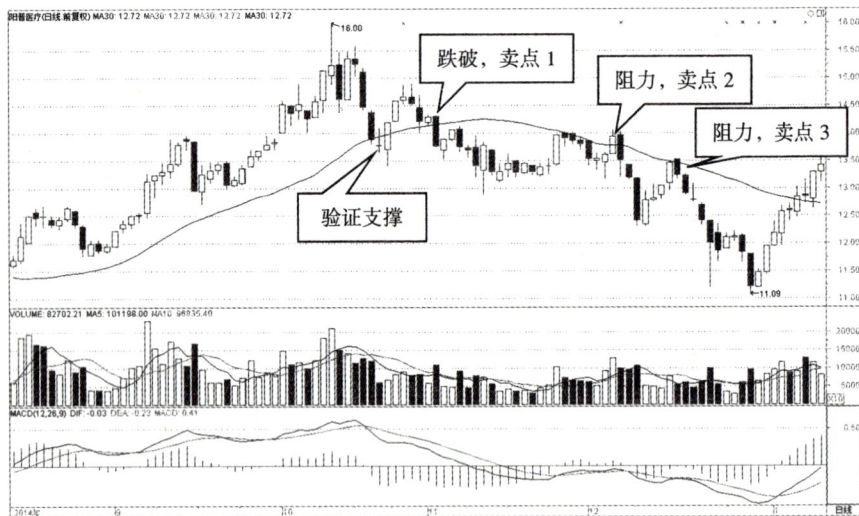

图 3-17　阳普医疗日 K 线

如图 3-17 所示，2014 年 9~10 月，阳普医疗（300030）K 线上涨过程中，多次获得了 30 均线的支撑。验证 30 日均线是上涨行情的支撑线。10 月底，股价跌破 30 日均线支撑。这说明空方力量强势打压股价，下跌行情开始。此时投资者应该尽快卖出股票。

随后的下跌行情中，30 日均线多次成为股价反弹时的阻力线。每次股价反弹至均线附近遇到阻力时，都是投资者逢高卖出持股的机会。

三、一阳穿多线形态的买点

我们已经知道，当 K 线突破均线时，是看涨买入信号。如果一条大阳线能够一次性突破多根纠缠在一起的均线，则是非常强烈的看涨买入信号。看到这样的信号，投资者可以积极买入股票。

深南电 A 日 K 线如图 3-18 所示。

如图 3-18 所示，2014 年 12 月初，深南电 A（000037）的 5 日均线、10 日均线和 30 日均线纠缠在一起。12 月 11 日，该股大幅上涨，形成一根大阳线。这根大阳线同时突破了三条均线，形成一阳穿多线

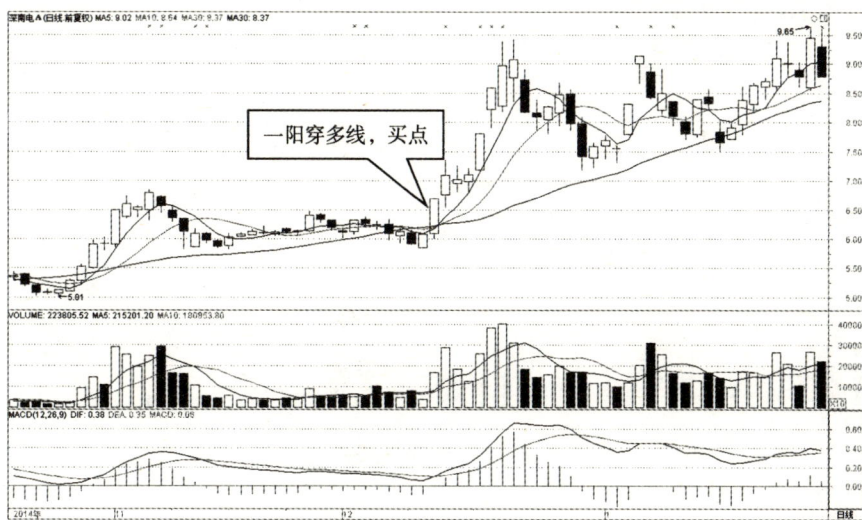

一阳穿多线，买点

图 3-18　深南电 A 日 K 线

的形态。这样的形态说明多方力量强势将股价向上拉升，未来该股将会强势上涨。看到这样的形态，投资者可以积极买入股票。

四、一阴穿多线形态的卖点

当 K 线跌破均线时，是看跌卖出信号。如果一条大阴线同时跌破了多根纠缠在一起的均线，则说明下跌行情非常强势，是非常强烈的看跌卖出信号。看到这样的信号，投资者应该尽快卖出手中的股票。

登云股份日 K 线如图 3-19 所示。

如图 3-19 所示，2014 年 11 月，登云股份（002715）股价在顶部横盘整理过程中，其 5 日均线、10 日均线和 30 日均线纠缠在一起。11 月 14 日，该股大幅下跌形成大阴线，同时跌破三条均线。这就构成了一阴穿多线形态。这样的形态说明市场上的卖盘大量涌出，空方力量十分强势。看到这样的形态，投资者应该尽快卖出手中的股票。

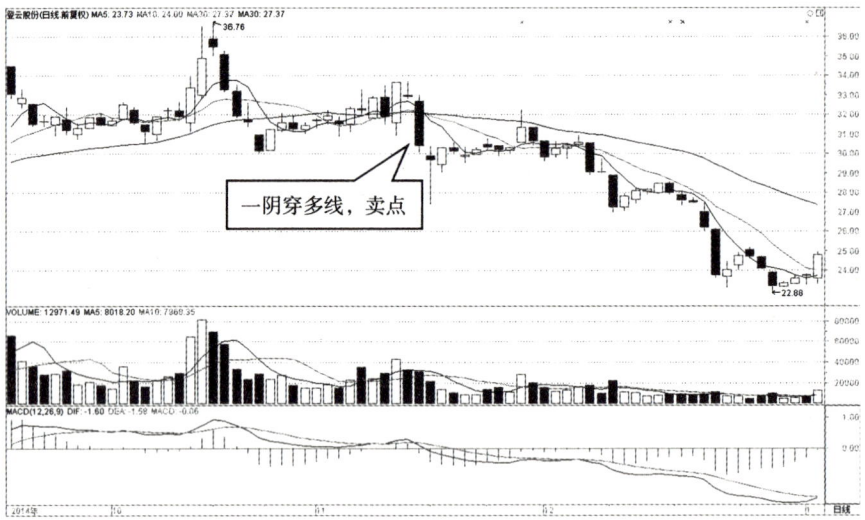

一阴穿多线，卖点

图 3-19 登云股份日 K 线

第四章 实战图解均线形态与成交量

第一节 成交量应用入门

成交量可以反映股票的交易活跃程度。在进行股票分析师多考虑成交量的因素，可以让投资者对市场行情有更加全面的掌控。

一、成交量的基本构造

在炒股软件的界面中，成交量显示为 K 线图下方、红绿相间的柱线①。成交量的柱线的长度反映当日的成交数量，柱线越长，说明当日的成交量越大。成交量的颜色则反映的是当日股价的涨跌。多数炒股软件中，成交量柱线的颜色与 K 线是对应的（大智慧软件中不是这样）。

除了柱线外，成交量图中一般还包括两条曲线，称为均量线。均量线的计算方法与均线类似，显示的是一段时间内的平均成交量。大多数软件的均量线默认周期都是 5 日均量线和 10 日均量线。

成交量图的基本构造如图 4-1 所示。

---

① 因本书是白底黑字，无法显示颜色，请读者上网查看金卡股份日 K 线相关图形。

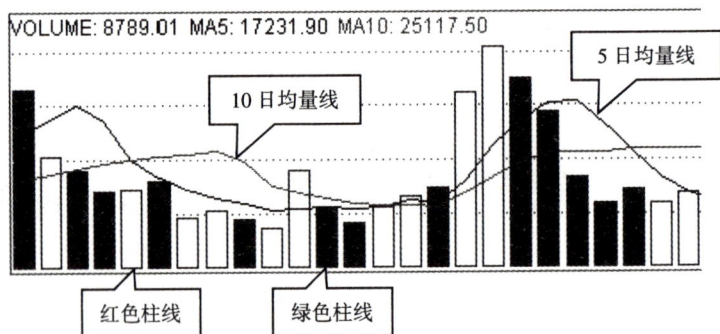

图 4-1　成交量的基本构造

二、成交量放大的含义

当市场上的成交量持续放大时，说明当前的市场行情获得了大多数投资者的认可，越来越多的投资者参与到交易的过程中。无论在上涨行情中还是在下跌行情中，这都是当前市场行情将会持续的信号。

四方股份日 K 线如图 4-2 所示。

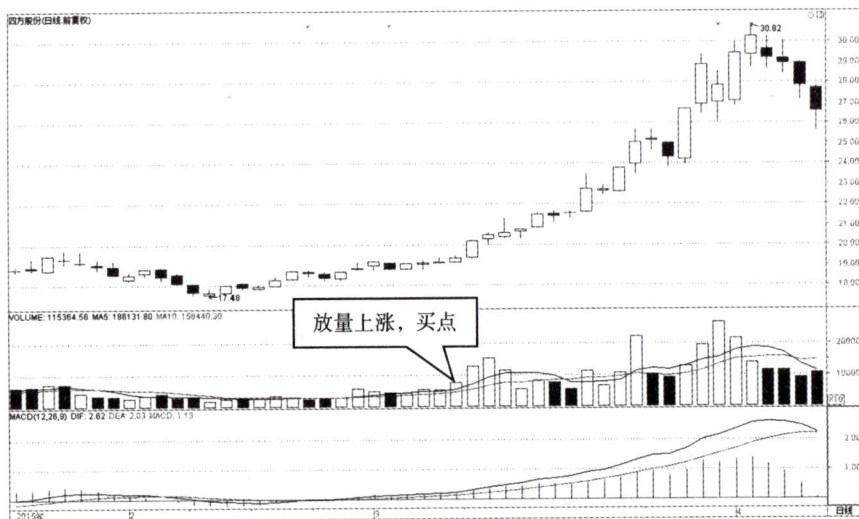

图 4-2　四方股份日 K 线

如图 4-2 所示，2015 年 3 月初，四方股份（601126）开始上涨时，其成交量持续放大。这样的形态说明随着行情上涨，越来越多的

投资者看好后市，开始买入股票。而他们的买入交易又会推动股价继续上涨，吸引更多投资者买入。在这样的上涨循环下，未来该股股价有望持续上涨。

S佳通日K线如图4-3所示。

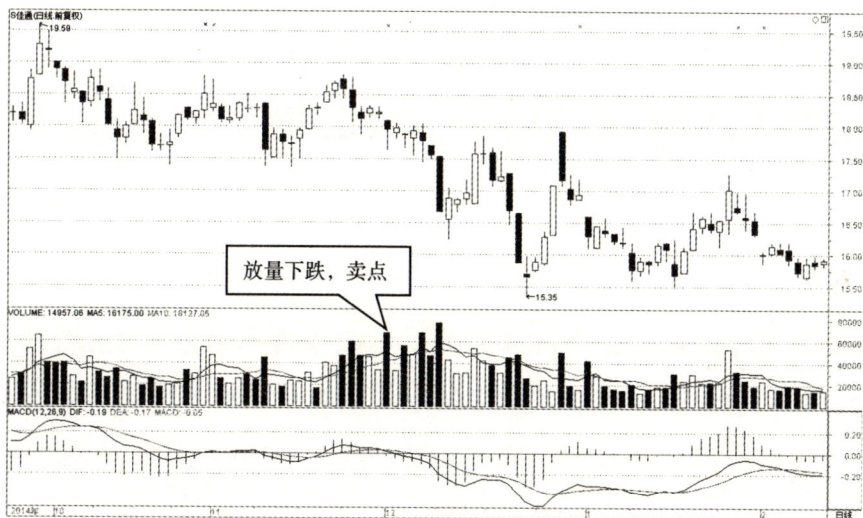

图4-3 S佳通日K线

如图4-3所示，2014年11月底至12月初，S佳通股价下跌的同时，其成交量持续放大。这样的形态说明在股价下跌时，越来越多的投资者开始抛出股票。他们抛出股票会将股价向下打压，造成更多人卖出。股价已经进入了下跌的恶性循环中，下跌行情将会持续较长时间。看到这样的形态，投资者应该尽快卖出手中的股票。

三、成交量萎缩的含义

当成交量持续萎缩时，说明当前的市场行情已经不被大多数投资者认可，追高买入或者杀跌卖出的投资者越来越少，股价当前的市场行情即将进入调整阶段，未来行情有反转的趋势。

中南建设日K线如图4-4所示。

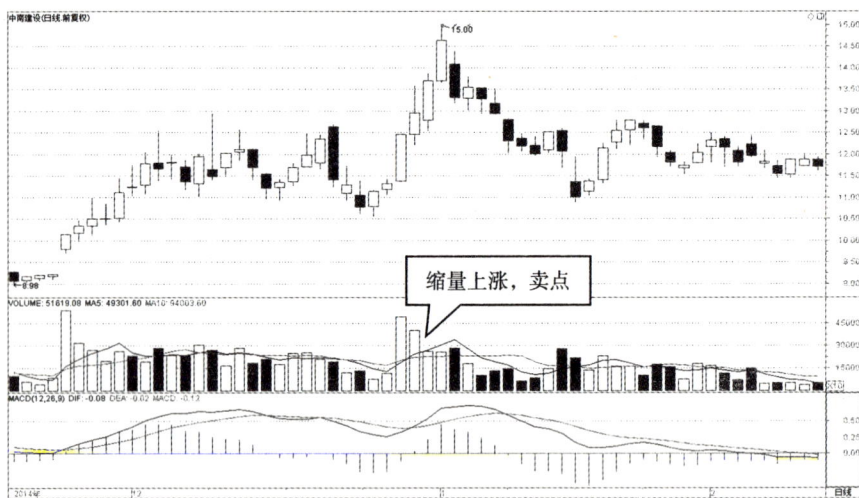

图 4-4　中南建设日 K 线

如图 4-4 所示，2015 年 1 月初，中南建设（000961）股价冲高的同时，其成交量逐渐萎缩。这样的形态说明虽然股价还在上涨，但追高买入股票的投资者却越来越少。股价的上涨动能不足，未来有见顶下跌的风险。看到这样的形态，投资者应该注意风险，逢高卖出手中的股票。

菲利华日 K 线如图 4-5 所示。

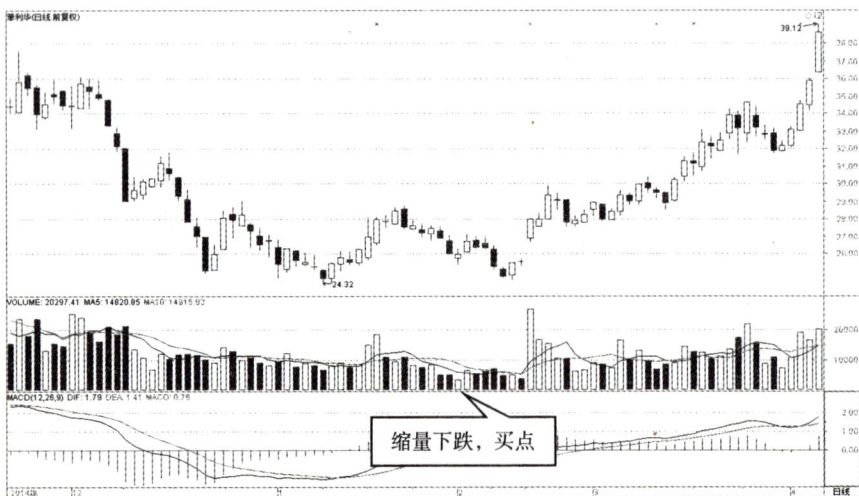

图 4-5　菲利华日 K 线

如图 4-5 所示，2015 年 1 月底至 2 月初，菲利华（300395）股价下跌至底部后，其成交已经萎缩至了相当低的水平。这样的形态说明虽然此时股价仍在下跌，但是很少有投资者以这么低的价格抛出，股价具备了见底反弹的潜质。看到这样的形态，投资者可以寻找机会，抄底买入股票。

第二节　成交量对均线趋势的验证

通过观察成交量指标，投资者可以更加清楚地看出一些市场形态的内在含义，提高自己判断的准确性。

一、成交量对突破形态的确认

当 K 线与均线之间、均线与均线之间形成突破时，无论是向上突破、向下突破、金叉还是死叉，如果成交量同步放大，则是对这个突破形态的进一步确认。这样的情况下，投资者可以更加大胆地操作股票。

理邦仪器日 K 线如图 4-6 所示。

如图 4-6 所示，2015 年 1 月，理邦仪器（300206）的 K 线向上突破前期对其有阻力作用的 30 日均线。这个形态说明多方力量强势向上拉升股价，是看涨买入信号。而在突破的同时，该股成交量大幅放大，这是对突破形态的进一步验证。看到这样的形态，投资者可以更加大胆地买入股票。

蒙发利日 K 线如图 4-7 所示。

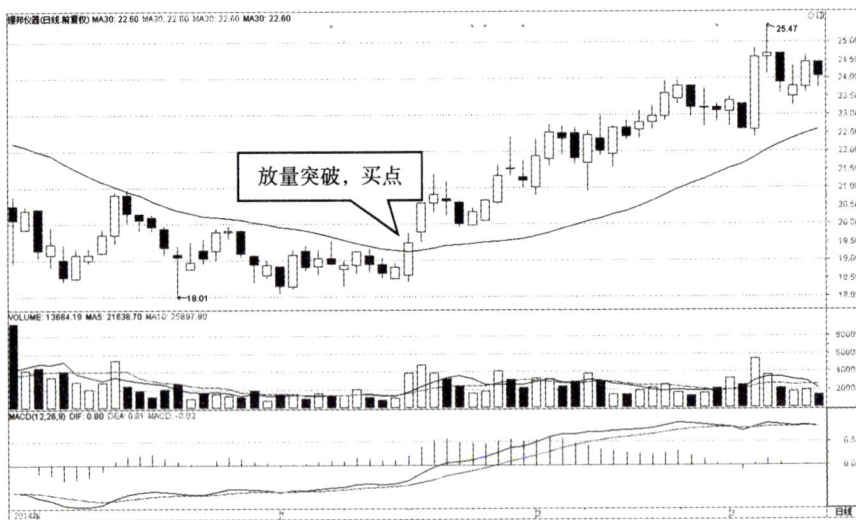

图 4-6 理邦仪器日 K 线

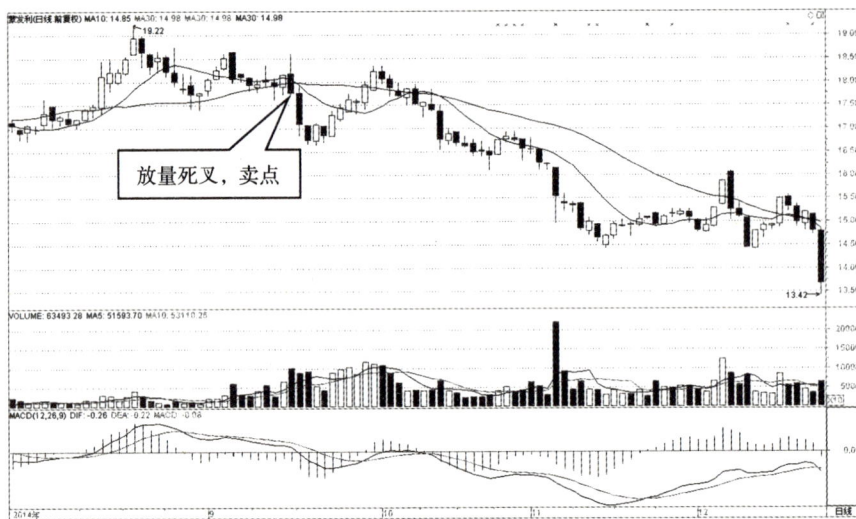

图 4-7 蒙发利日 K 线

如图 4-7 所示，2014 年 9 月，蒙发利（002614）的 10 日均线跌破其 30 日均线形成死叉。这个形态说明空方力量强势将股价向下打压，是看跌卖出信号。形成死叉的同时，该股的成交量也大幅放大，这是对空方力量强势的进一步验证。看到这样的信号，投资者应该毫不犹豫地清空手中的持股。

如果突破的形态没有得到成交量的验证，特别是当 K 线突破均线时，或者均线形成金叉时，如果成交量没有放大，说明这次突破行情的推动力量并不十分强势，此时投资者就要警惕出现假突破的风险。

金圆股份日 K 线如图 4-8 所示。

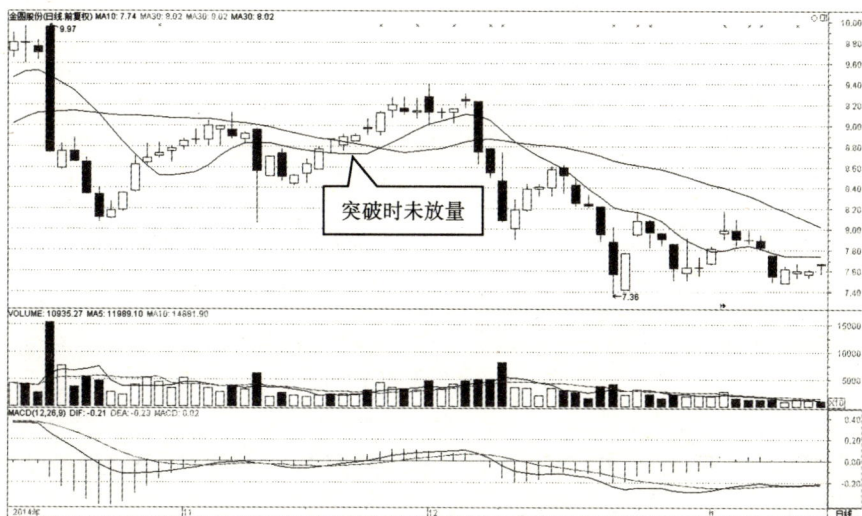

图 4-8　金圆股份日 K 线

如图 4-8 所示，2014 年 11 月，金圆股份（000546）的 K 线先后突破其 10 日均线和 30 日均线，随后该股的 10 日均线也突破 30 日均线形成金叉。从表面上看，这是多方力量强势拉升股价的信号。

不过从成交量指标上看，这些突破形成时，成交量并没有放大的趋势。这说明拉升股价的多方力量并没有看上去那么强势。看到这样的信号后，投资者就应该警惕假突破的风险，不要冒进买入股票。

二、成交量对趋势形成的确认

当三条移动平均线形成多头排列形态时，说明股价进入了上涨趋势中。此时，如果成交量能够稳健放大，就是对这种上涨趋势的验证。看到这样的形态，投资者可以更加大胆地追高交易。

国栋建设日 K 线如图 4-9 所示。

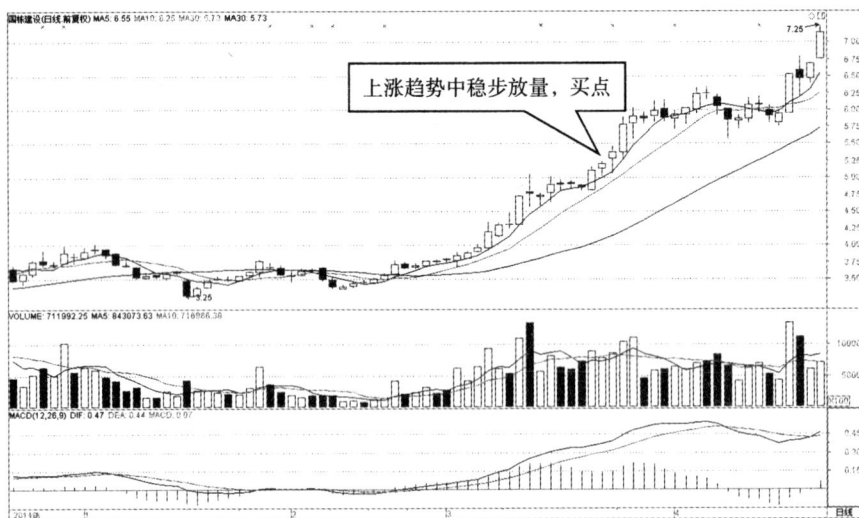

图 4-9　国栋建设日 K 线

如图 4-9 所示，2015 年 3 月，国栋建设（600321）K 线上涨过程中，5 日均线、10 日均线和 30 日均线组成了多头排列形态，同时其成交量也在这个过程中稳步放大。这样的形态说明该股已经进入了持续的上涨行情中。看到这样的形态，投资者可以大胆追高买入股票。

在多头排列的过程中，如果成交量逐渐萎缩，则说明虽然趋势在上涨，但是行情即将见顶。不久之后多头排列很可能就会被破坏。看到这样的形态，投资者应该注意风险，逢高卖出股票。

科泰电源日 K 线如图 4-10 所示。

如图 4-10 所示，2015 年 3 月底至 4 月初，科泰电源（300153）K 线持续上涨过程中，5 日均线、10 日均线和 30 日均线组成了多头排列形态，同期内的成交量却逐渐萎缩。这样的形态说明虽然股价处于上涨趋势中，但推动这种上涨趋势的多方力量正在减弱，未来股价有见顶下跌的趋势。此时，投资者应该注意风险，逢高减持。

投资者应该注意的是，在均线形成空头排列的下跌过程中，成交

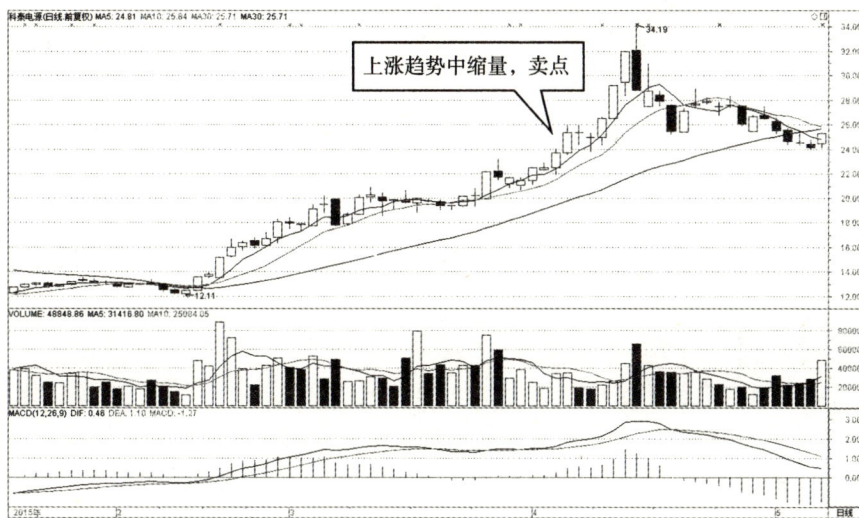

图 4-10　科泰电源日 K 线

量验证的方法并不可行。很多时候，即使成交量没有放大，股价也会处于长期无量阴跌的下跌行情中。

三、成交量对趋势反转的确认

当均线形成双底、三重底、头肩底等底部形态，以及双顶、三重顶、头肩顶等顶部形态时，成交量应该显示出先缩量然后放量的形态。这样的形态说明原来推动行情发展的力量减弱，新的力量进入，推动股价反转。

开开实业日 K 线如图 4-11 所示。

如图 4-11 所示，2014 年 6 月至 9 月，开开实业（600272）股价回落时，其 10 日均线形成了头肩底形态。这样的形态说明市场上打压股价的空方力量减弱，多方力量增强，是行情将会反转上涨的信号。

同时从成交量可以看出，该股回落时其成交量越来越小，随后上涨时成交量逐渐放大，这也验证了股价反转的信号。

当最终该股的均线向上突破颈线时，该股的成交量也大幅放大。

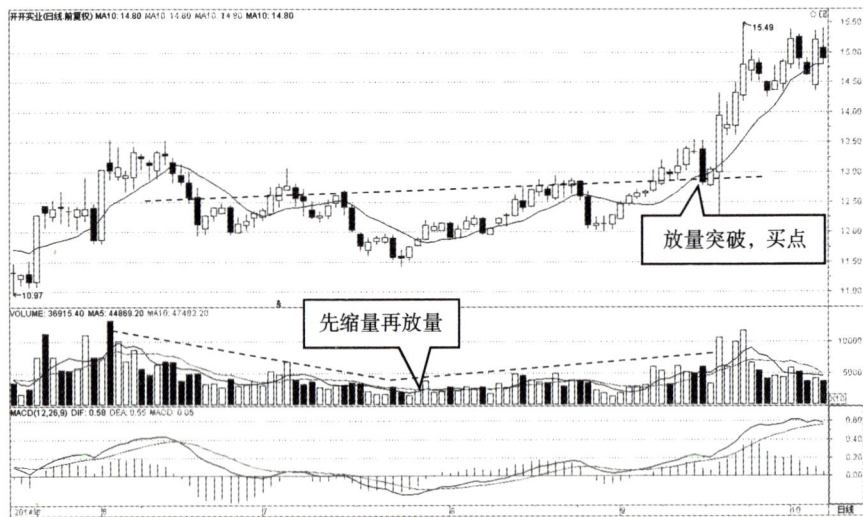

图 4-11　开开实业日 K 线

这是多方力量开始强势拉升股价的信号。看到这个信号，投资者可以积极买入股票。

如果反转形态形成的过程中，没有得到成交量的验证，这样的形态并不可靠，投资者应该注意交易风险，最好多观察一段时间再做交易。

中航黑豹日 K 线如图 4-12 所示。

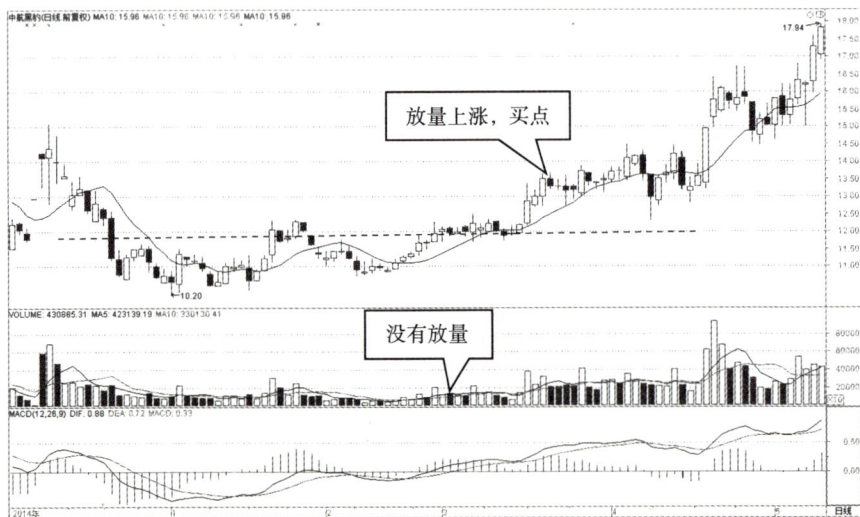

图 4-12　中航黑豹日 K 线

如图 4-12 所示，2015 年 1~2 月，中航黑豹（600760）股价回落至底部后，10 日均线形成了双重底形态。在这个双重底形态完成第二个底上涨时，成交量并没有形成明显放大的趋势。这样的形态说明此时股价并没有被强势拉升，这次对颈线的突破可能会失败。

从随后的走势也可以看出，第二个底完成后，股价经过较长时间的横盘才再次向上。当股价再次上涨时，获得了成交量放大的验证。此时才是投资者买入股票安全的时机。

第三节　成交量和均线的背离

通过成交量的变化，投资者可以了解到一直股票涨跌内在动能的强弱。通过这种动能变化与股价趋势变化相对比，投资者可以了解到当前趋势运行的强度，作为自己未来操作的参考。

一、成交量和均线的顶部背离

当均线持续上涨，连续创出新高时，说明股价处于上涨趋势中，此时如果成交量不能持续放大，反而形成了逐渐萎缩的形态，则说明推动股价上涨的内在力量越来越弱，未来股价有见顶下跌的趋势。看到这样的形态后，投资者应该选择在高位卖出股票。

东睦股份日 K 线如图 4-13 所示。

如图 4-13 所示，2014 年 10~11 月，东睦股份（600114）股价持续上涨的过程中，其 10 日均线不断创出新高，不过同期内该股的成交量却出现了萎缩的趋势。这样的形态说明虽然该股持续上涨，但追高买入的投资者越来越少，这种上涨行情没有得到市场上大多数投资者

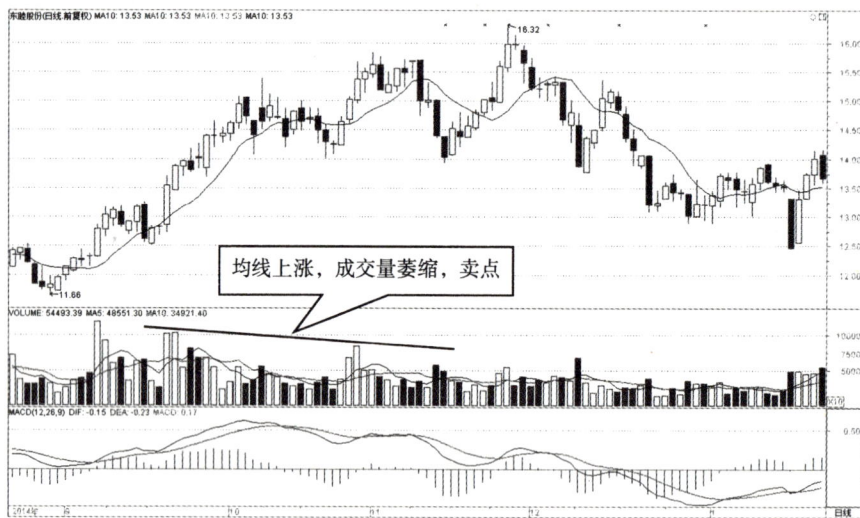

图 4-13 东睦股份日 K 线

的认可，未来难以持续太长时间。看到这样的形态后，投资者应该选择在高位卖出股票。

二、成交量和均线的底部背离

在持续的下跌趋势中，每次股价反弹时的成交量的大小，可以反映出抄底买入股票力量的强弱。当均线持续下跌，连续创出新低时，如果每次反弹时的成交量能够依次放大，则说明抄底买入股票的资金越来越多，未来股价有见底反弹的趋势。在这样的情况下，投资者可以找机会抄底买入股票。

亿帆鑫富日 K 线如图 4-14 所示。

如图 4-14 所示，2014 年 10~12 月，亿帆鑫富（002019）股价持续下跌过程中，其 10 日均线连续创出新低。这样的形态说明下跌趋势还在继续。不过每次下跌中出现反弹时，其反弹的成交量显示出了逐渐放大的趋势。这说明随着下跌，越来越多的投资者不断抄底买入股票，股价下跌获得的支撑力量越来越强，未来有见底反弹的趋势。看到这样的形态，投资者可以选择时机逢低买入股票。

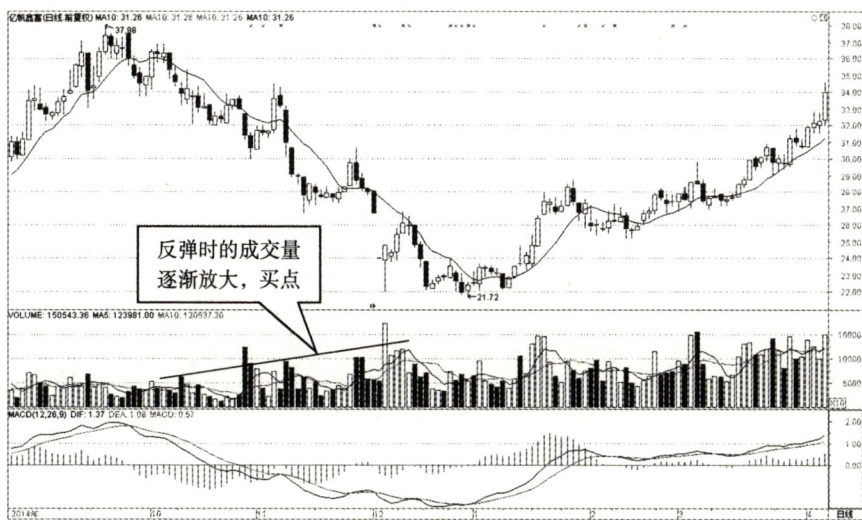

反弹时的成交量
逐渐放大，买点

图4-14 亿帆鑫富日K线

第四节 均量线和均线

在均线指标中，有两条曲线，其中波动较快的是5日均量线，波动较慢的是10日均量线。

一、均量线金叉和均线金叉

当5日均量线向上突破10日均量线时，就形成了均量线的金叉形态。这样的形态说明市场上的成交量在短期内大幅放大。如果均量线金叉的同时，均线指标中的5日均线和10日均线也形成了金叉形态，则说明随着成交量大幅放大，股价也被迅速向上拉升。这是市场上的多方正在强势拉升股价的信号。看到这样的形态，投资者可以积极买入股票。

宁波华翔日K线如图4-15所示。

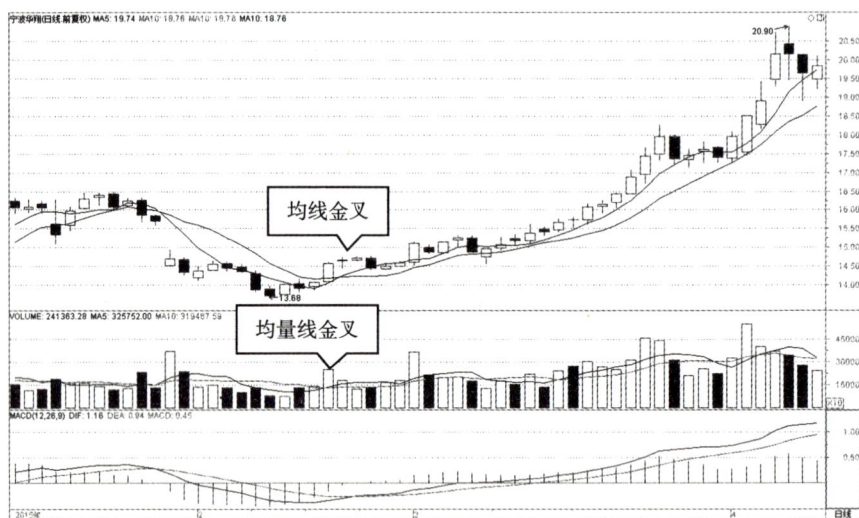

图 4-15　宁波华翔日 K 线

如图 4-15 所示，2015 年 2 月 13 日，宁波华翔（002048）的成交量大幅放大，其 5 日均量线突破了 10 日均量线。随后一个交易日，该股的 5 日均线也向上突破了 10 日均线。这两个金叉几乎同时出现，说明市场上的多方力量强势向上拉升股价，不仅股价快速上涨，成交量也大幅放大。看到这样的形态，投资者可以积极买入股票。

海特高新日 K 线如图 4-16 所示。

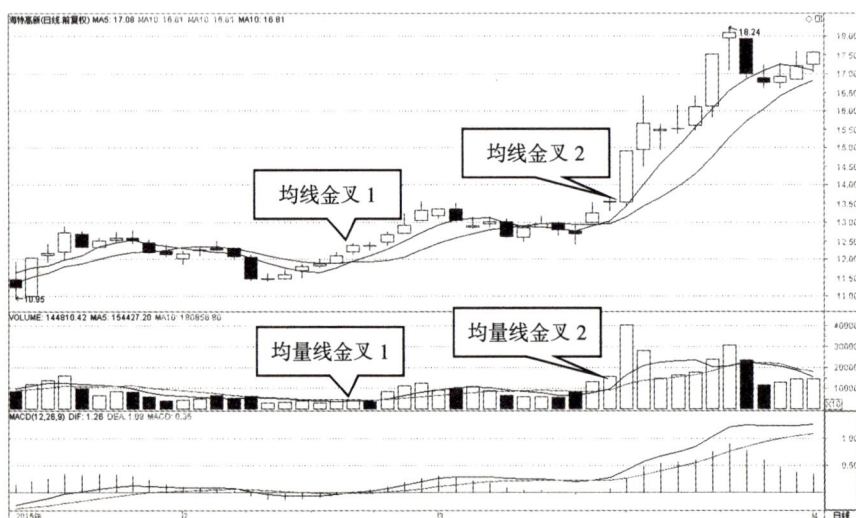

图 4-16　海特高新日 K 线

如图 4-16 所示，2014 年 2 月，海特高新（002023）的均线和均量线几乎同时形成了金叉形态，这说明多方强势拉升股价。此时，投资者可以积极买入股票。

该股上涨一段时间后小幅回落。当回落结束后反弹时，这两条指标线再次同时形成了金叉形态。这说明经过一段时间调整后，多方力量又一次将股价向上拉升，股价再次放量上涨。这种上涨过程中的两次金叉是比上一次底部金叉更加强烈的看涨信号。此时投资者可以积极追高买入股票。

二、均量线死叉和均线死叉

均量线的金叉是指 5 日均量线向下跌破 10 日均量线时所形成的形态。这样的形态说明市场上的成交量在短期内迅速萎缩。如果均量线死叉的同时，均线指标中的 5 日均线和 10 日均线也形成了死叉形态，则说明随着成交量的迅速萎缩，股价也开始迅速回落。这是拉升股价的多方力量不足，股价开始见顶下跌的信号。看到这样的形态，投资者应该尽快卖出股票。

国光电器日 K 线如图 4-17 所示。

图 4-17　国光电器日 K 线

如图 4-17 所示，2014 年 12 月 9 日，国光电器（002045）股价见顶下跌时，其 5 日均线和 10 日均线形成死叉。这说明该股股价迅速下跌。随后一个交易日，该股的 5 日均量线又跌破 10 日均量线形成了死叉，这是市场上的成交量迅速萎缩的信号。这两个金叉几乎同时出现，意味着拉升股价上涨的多方力量迅速消退，是未来股价会见顶下跌的信号。当死叉完成时，投资者应该尽快卖出手中的股票。

第五章 实战图解均线形态与 MACD 指标

第一节 MACD 指标入门

MACD 指标是指数平滑异同平均线的简称，是由美国投资家查拉尔德·阿佩尔 (Gerald Apple) 根据双指数移动平均线发展而来的技术指标。

一、MACD 指标的基本构造

MACD 指标由两条指标线和一组柱线组成，如图 5-1 所示。

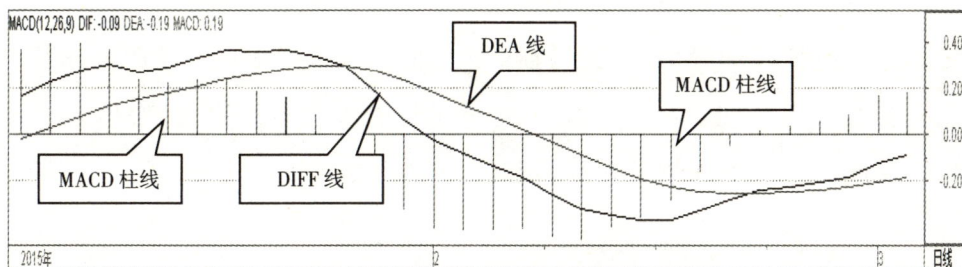

图 5-1 MACD 指标的基本构造

MACD 指标中波动较快的曲线是 DIFF 线，具体计算方法是 12 日 EMA 数值减去 26 日 EMA 数值。其中，EMA 指标是一种类似于均线的技术指标，可以表示股票在一段时间内的平均价格。DIFF 线计算两条不同周期的 EMA 线之差，投资者可以将其理解为股价短期内的涨跌速度。

MACD 指标中波动较慢的曲线是 DEA 线，DEA 线是 DIFF 线的平滑移动平均线。可以表示 DIFF 线的涨跌趋势。如果说，DIFF 线是股价短期内涨跌速度的话，那么 DEA 线就是股价在长期内的涨跌速度。

MACD 指标中红色和绿色的柱线是 MACD 柱线，其计算方法是 DIFF 线与 DEA 线之差的 2 倍。MACD 柱线是两条速度线之差，投资者可以将其理解为股价涨跌的加速度，或者是推动股价内在涨跌动能的强弱。

在这三个指标线中，DIFF 线处于 0 轴上方时，说明股价短期处于上涨趋势中，曲线位置越高，短期内上涨的速度越快；处于 0 轴下方时，说明股价短期处于下跌趋势中，曲线位置越低，短期内下跌的速度越快。

DEA 线处于 0 轴上方时，说明股价长期处于上涨趋势中，曲线位置越高，长期内上涨的速度越快；处于 0 轴下方时，说明股价长期处于下跌趋势中，曲线位置越低，长期内下跌的速度越快。

MACD 柱线处于 0 轴上方时，显示为红色，说明有多方力量向上推动股价。此时股价的上涨速度会逐渐加快，或者下跌速度会逐渐减慢。柱线越长推动股价的力量就越强。处于 0 轴下方时，显示为绿色，说明有空方力量向下打压股价。此时股价的上涨速度会逐渐减慢，或者下跌速度会逐渐加快。柱线越长打压股价的力量就越强。

二、MACD 指标的金叉死叉

MACD 指标中的 DIFF 线和 DEA 线形成交叉形态时，会形成金叉

或者死叉形态。

（1）MACD 指标金叉。

如果 DIFF 线向上突破 DEA 线，就形成了 MACD 金叉形态。MACD 金叉出现在 0 轴上方和 0 轴下方表示不同的市场含义。

当 MACD 金叉出现在 0 轴下方时，说明股价处于下跌过程中，但是短期内的下跌速度已经小于长期下跌速度，即下跌速度有减缓趋势。未来股价可能会见底反弹。0 轴下方金叉约接近 0 轴，说明下跌趋势越弱，未来上涨的可能性越大，该形态的信号也就越强。

当 MACD 金叉出现在 0 轴上方时，说明股价处于上涨行情中，并且短期内的上涨速度已经超过长期上涨速度，股价上涨有加速趋势。未来股价将会持续上涨。0 轴上方金叉约接近 0 轴，就说明未来的上涨空间越大，该形态的看涨信号也就越强。

无论是 0 轴上方还是 0 轴下方金叉，都是看涨买入信号。并且金叉位置越接近 0 轴，其看涨信号就越强烈。因此，如果金叉在 0 轴附近出现，就会形成 MACD 指标金叉最强烈的看涨买入信号。

威尔泰日 K 线如图 5-2 所示。

如图 5-2 所示，2015 年 1 月 6 日，威尔泰（002058）MACD 指标的 DIFF 线向上突破 DEA 线，形成了金叉形态。这个金叉出现在 0 轴下方，说明此时股价虽然处在下跌行情中，但是下跌的速度越来越慢。这是股价将见底反弹的信号。此时投资者可以积极抄底买入股票。

横店东磁日 K 线如图 5-3 所示。

如图 5-3 所示，2015 年 2 月 13 日，横店东磁（002056）的 MACD 指标在 0 轴上方完成了金叉形态。这样的形态说明此时股价已经处于上涨行情中，并且其上涨速度会越来越快。这是股价将加速上涨的信号。此时投资者可以积极追高买入。

远光软件日 K 线如图 5-4 所示。

图 5-2　威尔泰日 K 线

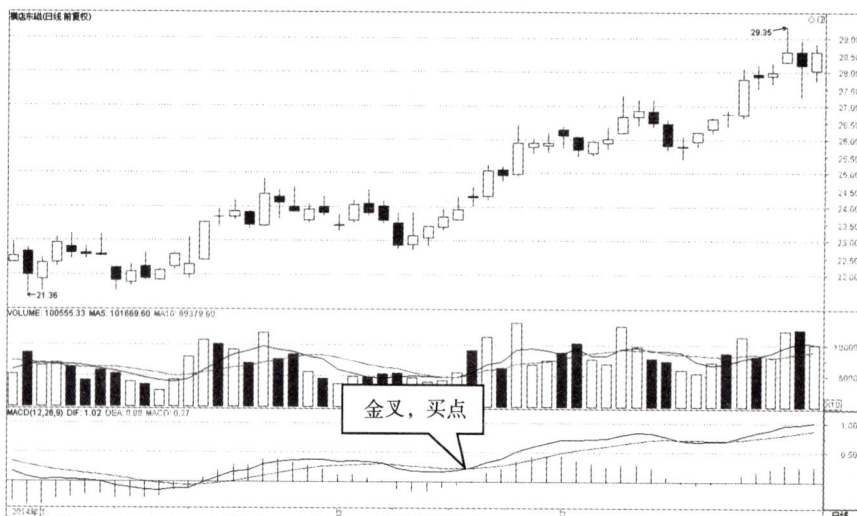

图 5-3　横店东磁日 K 线

　　如图 5-4 所示，2015 年 2 月 16 日，远光软件（002063）的 MACD 指标在 0 轴附近完成了金叉形态。这样的金叉是所有金叉中看涨信号最强的一种。看到这样的强势上涨信号，投资者可以积极买入股票。

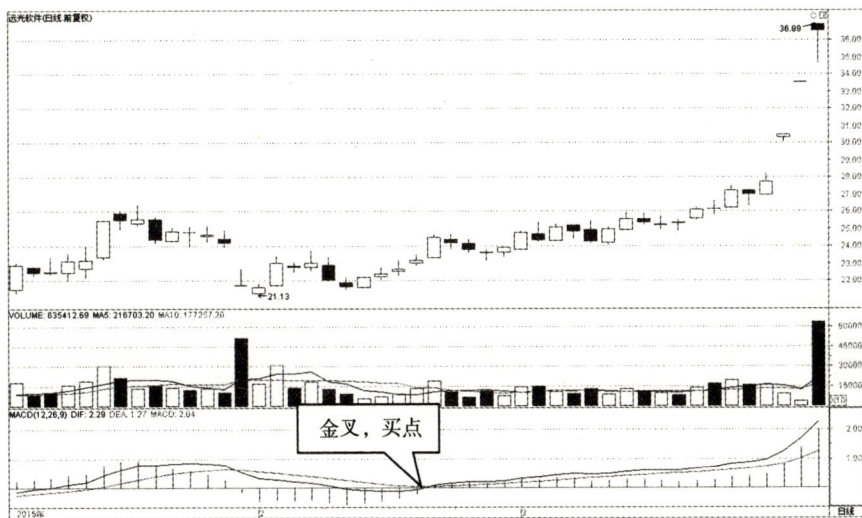

图 5-4　远光软件日 K 线

（2）MACD 指标死叉。

如果 MACD 指标的 DIFF 线自上向下跌破 DEA 线，就形成了 MACD 死叉形态。根据死叉出现的位置不同，其市场含义也有所不同。

当 MACD 死叉出现在 0 轴上方的高位时，说明股价正处于上涨行情中，不过其上涨速度越来越慢，未来股价有见顶下跌的趋势。0 轴上方死叉的位置越接近 0 轴，说明当前市场的上涨趋势越弱，该形态的看跌信号也就越强。

当 MACD 死叉出现在 0 轴下方的低位时，说明股价正处于下跌行情中，并且其下跌速度越来越快。这是未来股价将加速下跌的信号。0 轴下方死叉的位置越接近 0 轴，未来股价的下跌空间越大，该形态的看跌信号也就越强。

无论死叉出现在 0 轴上方还是下方，都是看跌卖出信号。并且死叉的形态越接近 0 轴，其看跌信号也就越强烈。因此，如果死叉在 0 轴附近出现，就会形成 MACD 指标死叉最强烈的看跌卖出信号。

凯瑞德日 K 线如图 5-5 所示。

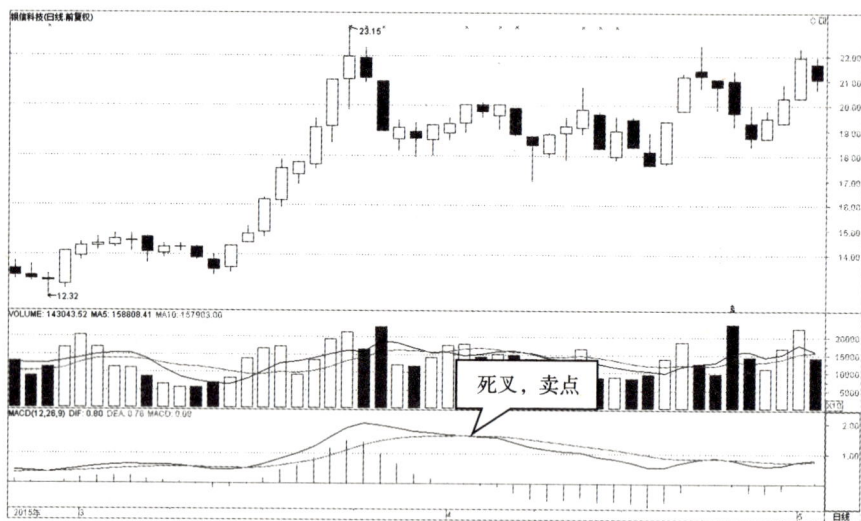

图 5-5　凯瑞德日 K 线

如图 5-5 所示，2015 年 4 月 3 日，凯瑞德（300231）的 MACD 指标欧在 0 轴上方高位形成了死叉形态。这个形态出现在 0 轴上方的高位，说明此时股价还处于上涨行情中，但是上涨的速度已经越来越慢，未来有见顶下跌的趋势。此时投资者应该尽快将手中的股票卖出。

方直科技日 K 线如图 5-6 所示。

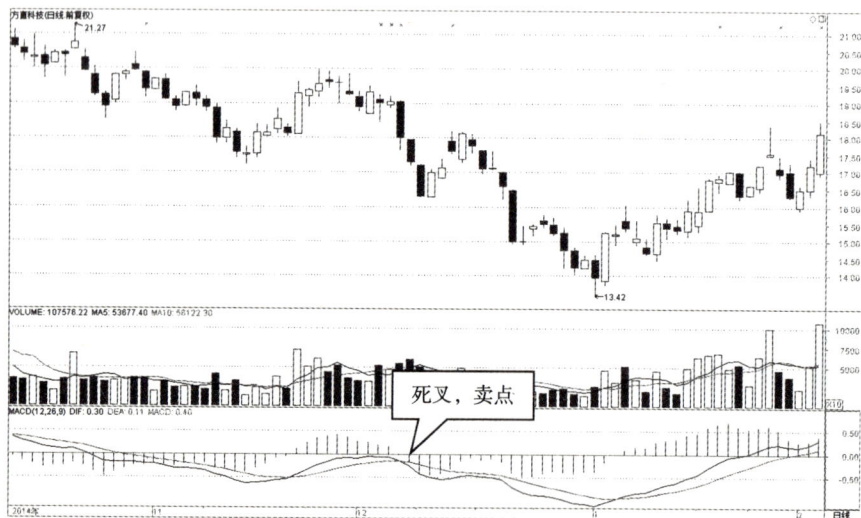

图 5-6　方直科技日 K 线

如图 5-6 所示，2014 年 12 月 8 日，方直科技（300235）的
MACD 指标形成死叉形态。这个形态出现在 0 轴以下的低位，说明此
时股价还处于持续的下跌行情中，并且未来的下跌速度会越来越快。
这是未来股价将加速下跌的信号。看到这个形态，投资者应该尽快将
手中的股票卖出。

金马股份日 K 线如图 5-7 所示。

图 5-7 金马股份日 K 线

如图 5-7 所示，2014 年 12 月 23 日，金马股份（000980）的 MACD
指标在 0 轴附近形成了死叉形态。这是一个非常强烈的看跌卖出信号。
看到这样的信号后，投资者应该尽快卖出手中的股票。

三、MACD 指标的曲线背离

当 MACD 指标中的 DIFF 线与股价走出相反的走势时，两者就形
成了背离形态。背离形态是股价运行趋势将要反转的信号。根据背离
出现的位置和具体形态不同，背离可以分为底背离和顶背离两种。

（1）底背离。

在股价连续下跌，创出新低的同时，如果 MACD 指标的 DIFF 线没有创新低，反而形成了一底比一底高的上涨走势，两者就形成了底背离形态。这样的底背离说明股价虽然还在上涨，但是其上涨速度越来越慢，是未来股价将见底反弹的信号。

双成药业日 K 线如图 5-8 所示。

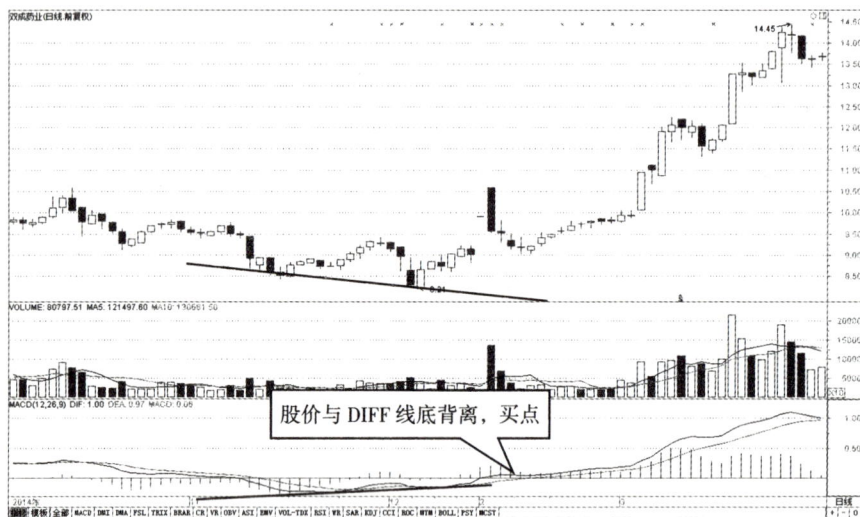

图 5-8　双成药业日 K 线

如图 5-8 所示，2014 年 11~12 月，双成药业（002693）股价持续下跌，创出新低的同时，其 MACD 指标中的 DIFF 线却没有创新低，形成了一底比一底高的形态。这样的形态说明股价在下跌过程中的下跌速度越来越慢，是未来该股将见底反弹的信号。该背离形态完成后，投资者可以寻找合适的时机买入股票。

（2）顶背离。

当股价连续上涨，创出新高的同时，如果 MACD 指标的 DIFF 线无法创新高，形成一顶比一顶低的走势，则形成了股价和 DIFF 线的顶背离形态。这类顶背离形态说明虽然股价还在上涨，但是其上涨速度已经越来越慢，短期内将有见顶下跌的趋势。看到这样的形态，投资者应该尽快将手中的股票卖出。

汉森制药日 K 线如图 5-9 所示。

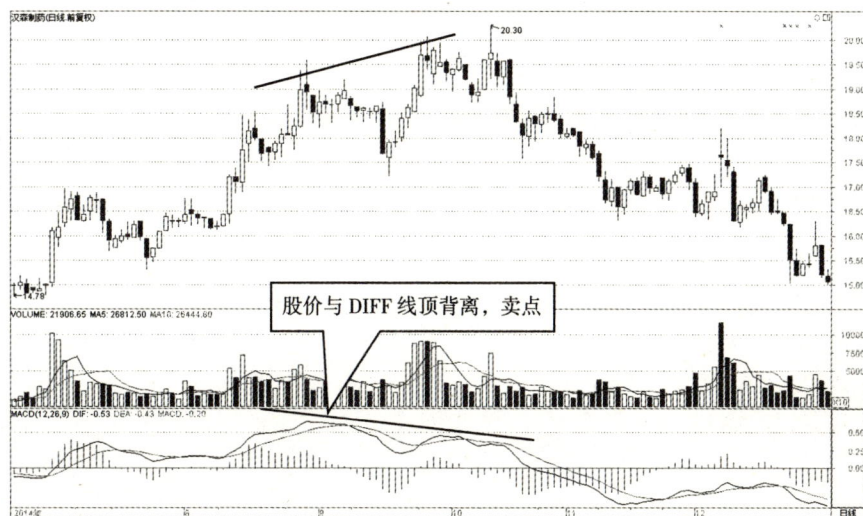

图 5-9 汉森制药日 K 线

如图 5-9 所示，2014 年 8 月至 9 月，汉森制药（002412）股价持续上涨，连续创出新高的同时，其 DIFF 线却无法创新高，反而形成了一顶比一顶低的走势。股价和 DIFF 线形成了顶背离形态。这样的形态说明虽然股价还在上涨，但是上涨的速度越来越慢。这是未来股价将见顶下跌的信号。看到这样的信号后，投资者应该尽快选择高点将手中的股票卖出。

四、MACD 指标的柱线背离

当股价走向与 MACD 柱线的变化方向相反时，两者就形成了背离的形态。这样的形态说明股价走向与推动股价内在动能的变化方向不一致，未来股价有反转的趋势。根据具体形态和出现位置的不同，MACD 指标的柱线背离可以分为底背离和顶背离两种。

（1）底背离。

当股票价格持续下跌，连续创出新低时，如果 MACD 的绿色柱线没有变长，反而逐渐变短，就形成了 MACD 柱线与股价的底背离形态。这样的形态说明虽然股价持续下跌，但是其下跌动能正在减弱，未来有见底反弹的迹象。这样的形态完成后，投资者可以积极抄底买入股票。

金卡股份日 K 线如图 5-10 所示。

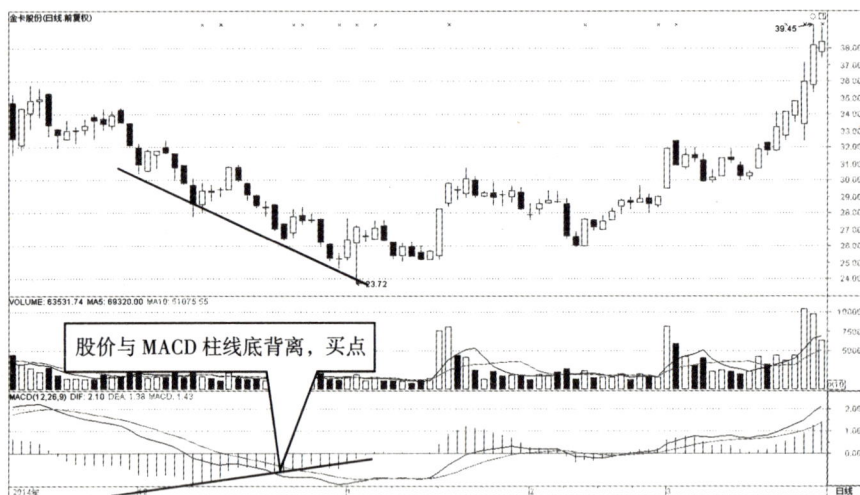

图 5-10　金卡股份日 K 线

如图 5-10 所示，2014 年 11 月至 2015 年 1 月，金卡股份（300349）股价连续下跌、创出新低的同时，其 MACD 指标的绿色柱线却逐渐变短，两者形成了底背离形态。这样的形态说明虽然股价还在下跌，但是其下跌速度已经越来越慢，未来股价有见底反弹的趋势。当底背离形态确认后，投资者可以积极抄底买入股票。

（2）顶背离。

当股价持续上涨，连续创出新高的同时，如果 MACD 指标的红色柱线无法持续变长，反而逐渐变短，则两者形成了顶背离形态。这样的形态说明虽然股价还在上涨，但是推动其上涨的内在动能却越来越

弱，未来股价有见顶下跌的趋势。当这样的形态出现后，投资者应该
寻找高点将手中的股票卖出。

　　启明星辰日 K 线如图 5-11 所示。

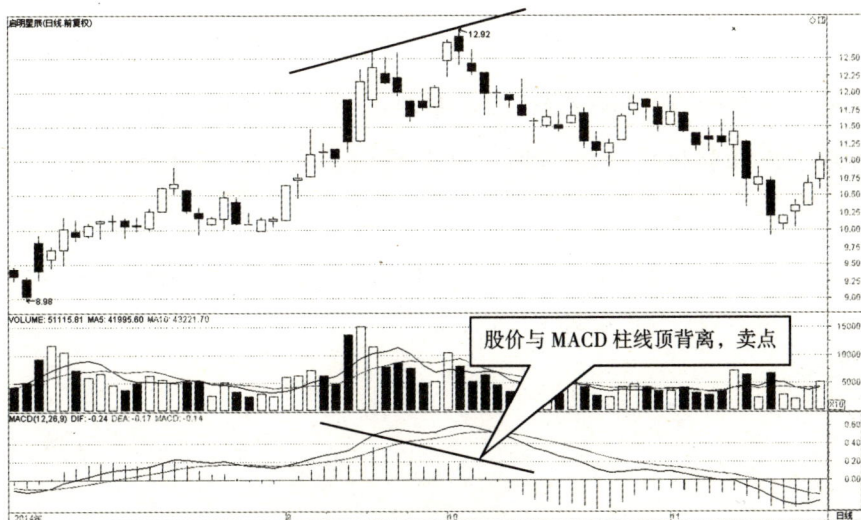

图 5-11　启明星辰日 K 线

　　如图 5-11 所示，2014 年 9 月至 10 月，启明星辰（002439）股价
持续上涨的同时，其 MACD 指标中的红色柱线却逐渐变短。这说明虽
然股价上涨，但是推动股价上涨的内在动能却越来越弱，未来该股有
见顶下跌的趋势。当这样的形态确认后，投资者应该尽快逢高将手中
的股票卖出。

第二节　MACD 指标对均线的验证

　　MACD 指标的计算基础是 EMA 指标。而 EMA 指标是与均线
（MA）非常相似的一种技术指标。所以 MACD 指标可以说与均线指标

相辅相成。投资者同时使用这两种指标相互验证，可以起到非常好的效果。

一、MACD 指标金叉和均线金叉

MACD 指标的金叉形态说明股价上涨加速或者下跌减速。而均线指标的金叉形态则说明股价上涨加速。这两个指标的金叉同时出现，就从多个方面验证了上涨行情。此时投资者可以积极买入股票。

如果 MACD 指标金叉、均线金叉出现的同时，均量线指标也形成了金叉，则构成三枝标金叉形态。这样的形态是更加强烈的买入信号。

双鹭药业日 K 线如图 5-12 所示。

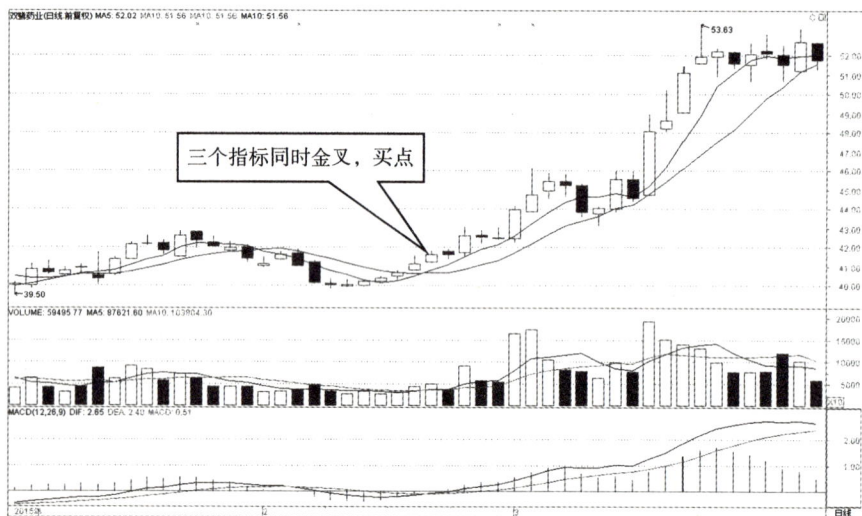

图 5-12　双鹭药业日 K 线

如图 5-12 所示，2015 年 2 月 16 日，双鹭药业（002038）的均线、均量线和 MACD 指标同时形成了金叉形态。这样的形态不仅从多方面验证了股价上涨加速的信号，而且说明推动股价的多方力量迅速增强。这是非常强烈的看涨买入信号。看到这样的信号，投资者可以积极买入股票。

二、MACD 指标死叉和均线死叉

MACD 指标的死叉形态说明股价上涨减速或者下跌加速。而均线指标的死叉形态则说明股价下跌加速。这两个指标的死叉同时出现，就从多个方面验证了下跌行情即将开始。此时，投资者应该尽快卖出股票。

如果 MACD 指标死叉、均线死叉出现的同时，均量线指标也形成了死叉，则构成三枝标金死形态。这样的形态是更加强烈的卖出信号。

康跃科技日 K 线如图 5-13 所示。

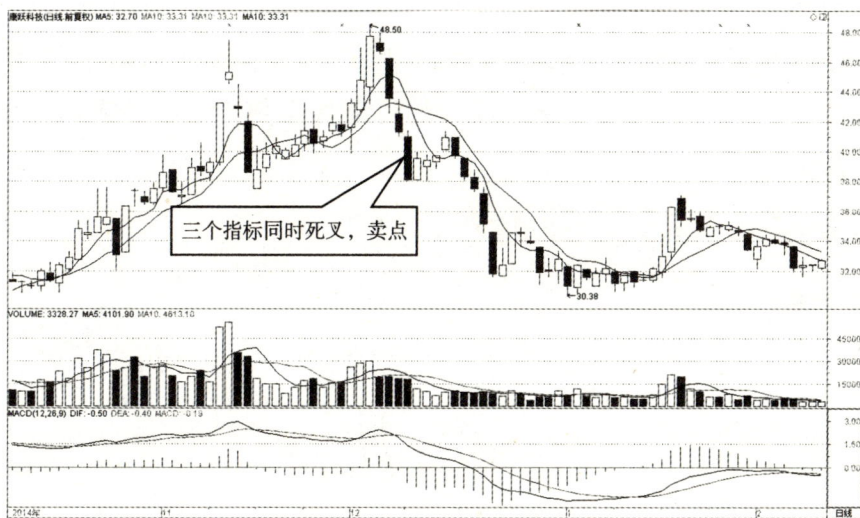

图 5-13　康跃科技日 K 线

如图 5-13 所示，2014 年 2 月初，康跃科技（300391）的均线、均量线和 MACD 指标在几个交易日中先后形成了死叉形态。这样的形态不仅从多方面验证了股价见顶下跌的信号，而且说明推动股价上涨的多方力量迅速减弱。这是非常强烈的看跌卖出信号。看到这样的形态后，投资者应该尽快卖出股票。

第三节　均线对 MACD 背离的验证

当股价与 MACD 指标形成背离形态时，如果均线指标与 MACD 指标的运行方向相同，则是对背离形态的进一步验证。

一、均线对 MACD 底背离的验证

当股价与 MACD 指标的 DIFF 线或者 MACD 柱线形成底背离时，如果均线没有向股价一样大幅回落，则是对背离形态的进一步验证。这样的情况下，未来股价见底反弹的可能性会更大，投资者可以积极买入股票。

华录百纳日 K 线如图 5-14 所示。

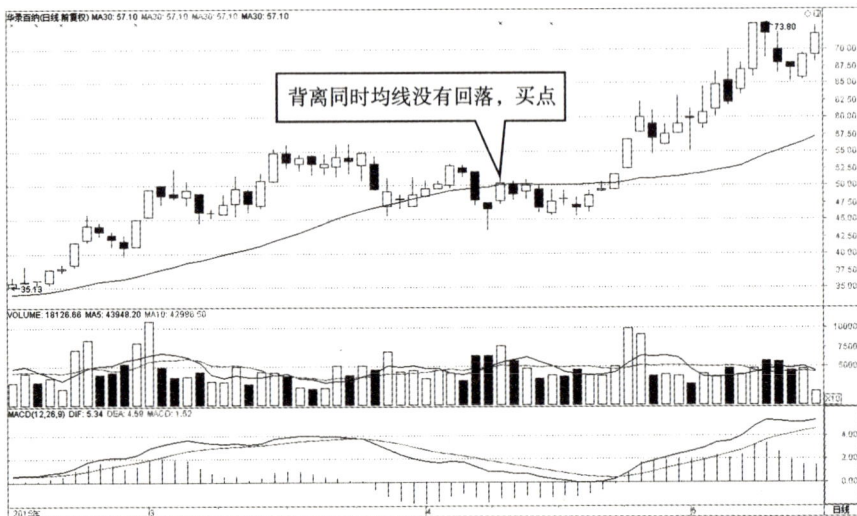

图 5-14　华录百纳日 K 线

如图 5-14 所示，2015 年 3 月底至 4 月初，华录百纳（300291）

股价下跌过程中，与其 MACD 指标柱线形成底背离形态。同时，其 30
日均线也没有因为这次回落而下跌。这样的形态说明股价下跌，但是
打压股价下跌的空方力量越来越弱，同时股价的上涨趋势没有发生改
变。看到这样的形态，投资者可以在这个过程中积极抄底买入股票。

二、均线对 MACD 顶背离的验证

当股价与 MACD 指标的 DIFF 线或者 MACD 柱线形成顶背离时，
如果均线没有向股价一样上涨，则是对背离形态的进一步验证。这样
的情况下，未来股价见顶下跌的可能性会更大，投资者应该尽快卖出
股票。

利达光电日 K 线如图 5-15 所示。

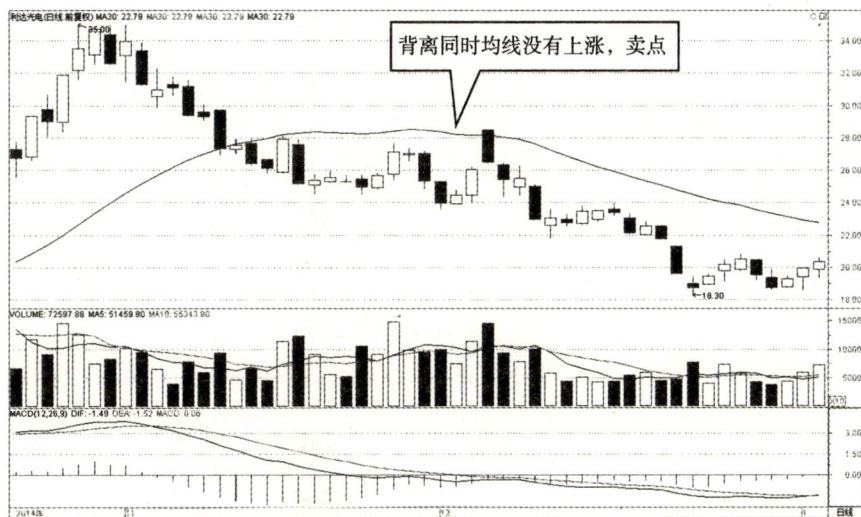

图 5-15　利达光电日 K 线

如图 5-15 所示，2014 年 11 月底至 12 月初，利达光电（002189）
股价反弹时，与 MACD 指标的 DIFF 线形成顶背离。同时该股的 30 日
均线也没有因为这次反弹而上涨。这样的形态说明虽然股价反弹，但
推动反弹的力量很弱且没有改变长期下跌趋势。看到这样的形态，投
资者应该尽快卖出股票。

第六章 实战图解均线的趋势操作

第一节 上涨趋势中的操作

均线指标是一个典型的趋势指标，可以非常准确地判断股价运行趋势。通过均线指标，投资者可以找出那些处于上涨趋势中的股票买入，赚取未来股价继续上涨的收益。

一、判断主升浪开始

主升浪是指股价上涨过程中涨幅最大的一波行情。这种行情一旦展开，往往能够持续较长时间。而通过均线指标，投资者就能准确找到那些已经进入或者即将进入主升浪的股票，买入这些股票并长期持有。

一只已经进入或者即将进入主升浪的股票，其均线形态会表现出以下几个特点。

（1）突破 60 日均线阻力线。

当股价在下跌过程中连续多次反弹至 60 日均线位置都遇到阻力时，说明股价处于中长期的下跌趋势中。未来的行情中，如果股价能够对 60 日均线形成有效突破，就说明行情发生反转，股价将进入中长期的上涨行情。这样的情况下，投资者可以积极买入股票。

安利股份日 K 线如图 6-1 所示。

图 6-1　安利股份日 K 线

如图 6-1 所示，2014 年底，安利股份（300218）的股价持续下跌过程中，多次反弹至其 60 日均线附近遇到阻力。这样的形态说明该股处于中长期的下跌趋势中。2015 年 2 月 12 日，股价突破 60 日均线，随后又持续上涨，形成了有效突破。这样的突破形态说明该股结束中长期下跌，即将开启主升浪。此时投资者可以积极买入股票。

使用这种突破形态时，投资者一定要注意股价必须形成有效突破后才是买入信号。不能只是某个交易日超过收盘价就贸然买入。衡量有效突破的标准是股价突破幅度超过 3%或者突破后连续 3 日不回落。

股价形成突破后，可能会有回抽。但是这种回抽一般不会跌破 60 日均线就能够再次向上。当这种回抽出现时，是投资者继续加仓买入股票的信号。

天玑科技日 K 线如图 6-2 所示。

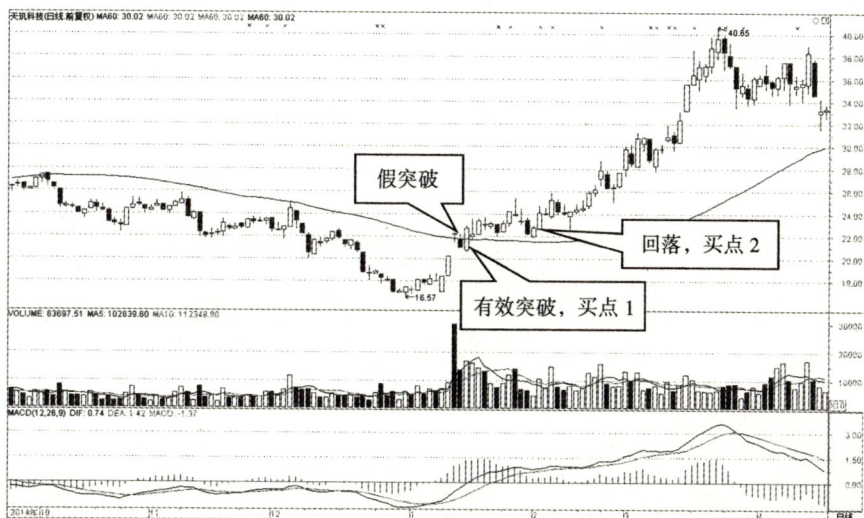

图 6-2 天玑科技日 K 线

如图 6-2 所示，2014 年底，天玑科技（300245）股价一直在 60 日均线下方持续下跌，并且多次反弹到 60 日均线附近都遇到阻力下跌。这说明 60 日均线是股价下跌重要的阻力线。

2015 年 1 月 14 日，股价向上突破 60 日均线。但突破幅度不大且随后一个交易日就回到了均线下方。这是一次假突破，此时，投资者不应贸然买入股票。

1 月 16 日，股价再次突破 60 日均线，当日股价突破的幅度就超过了 3%。这是一次有效突破，说明主升浪即将开始。此时，投资者可以积极买入股票。

60 日均线被突破后，股价很快又回落至 60 日均线附近获得支撑。这次回落是对突破形态的进一步确认。看到这次回落，投资者可以积极加仓买入股票。

（2）沿 20 日均线上涨。

当股价在上涨过程中，沿 20 日均线持续上涨，每次回落至 20 日均线都能获得支撑继续向上时，说明市场上的多方力量正在持续将股价向上拉升，该股已经进入了强势上涨行情中。看到这样的形态，投资者可以积极追高买入股票。

工大高新日 K 线如图 6-3 所示。

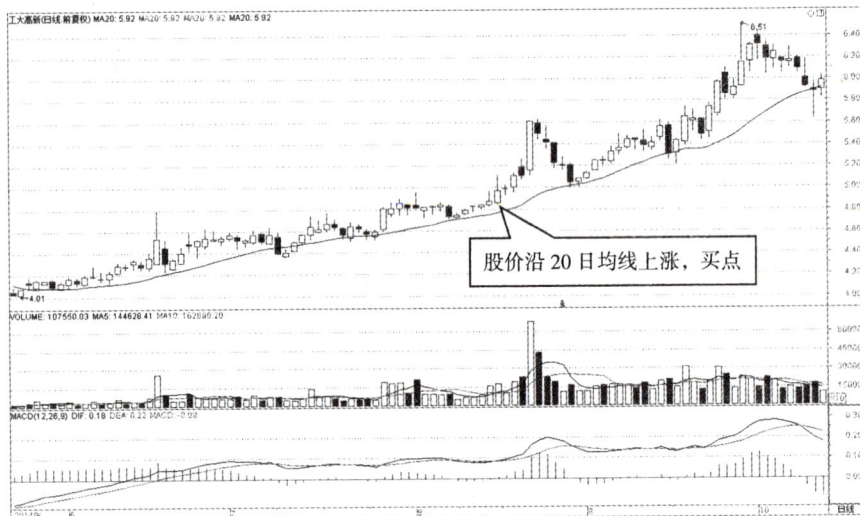

图 6-3　工大高新日 K 线

如图 6-3 所示，2014 年 6 月至 9 月，工大高新（600701）股价沿其 20 日均线持续上涨。每次股价回落至 20 日均线附近时都没有形成有效的跌破，而是获得支撑继续上涨。这样的形态说明该股被多方持续向上拉升，处于主升浪之中。在这个过程中，投资者可以积极追高买入股票。

（3）5 日均线—10 日均线—30 日均线多头排列。

当股票的 5 日均线在 10 日均线上方，10 日均线在 30 日均线上方，三条均线组成多头排列形态时，说明该股处于持续的上涨行情中。未来这种上涨行情将会持续较长时间。看到这样的信号，投资者可以积极追高买入股票。

荣之联日 K 线如图 6-4 所示。

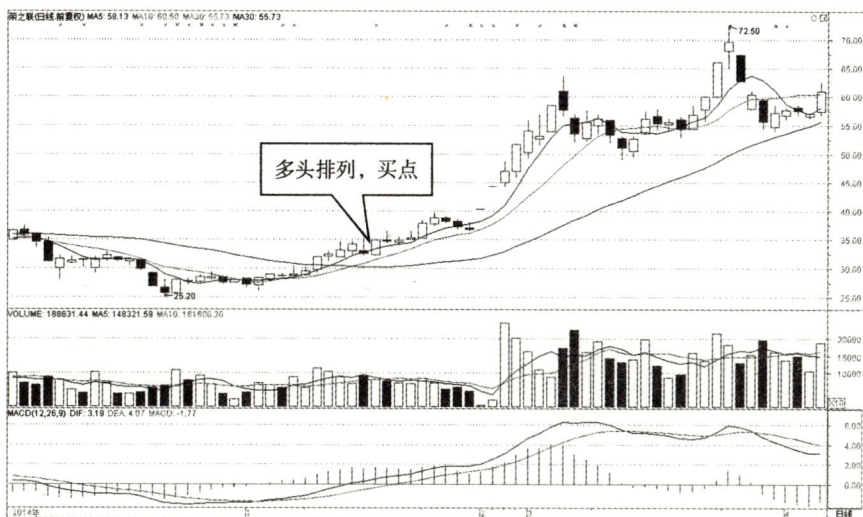

图6-4　荣之联日K线

如图6-4所示，2015年1月，荣之联（002642）的5日均线先后突破其10日均线和30日均线，随后10日均线也突破了30日均线，三条均线组成多头排列并在随后的持续上涨。这样的形态说明该股已经进入持续的上涨行情中。在这样的过程中，投资者可以积极买入股票。

5日均线、10日均线和30日均线的多头排列形态一旦完成后，在持续上涨过程中股价回调时，5日均线可能会短暂跌破10日均线，不过只要5日均线没有跌破30日均线就再次向上，突破10日均线，就说明上涨趋势还在继续，这样的情况下投资者可以继续追高买入股票。

楚天科技日K线如图6-5所示。

如图6-5所示，2015年1月，楚天科技（300358）的5日均线、10日均线和30日均线间先后形成了金叉。这样的形态说明该股进入上涨趋势。此时投资者可以积极买入股票。

该股上涨一段时间后开始回调整理。在整理过程中，其5日均线跌破了10日均线，多头排列被破坏。不过此后5日均线没有继续向下跌破30日均线，而是开始逐渐走稳反弹。当5日均线重新突破10日均线时，三条均线也恢复了多头排列的状态。这样的形态说明该股重

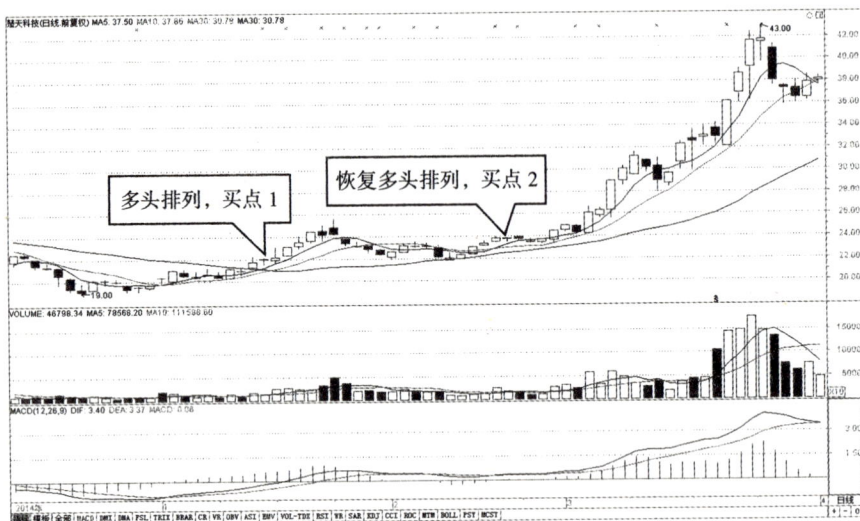

图 6-5　楚天科技日 K 线

新进入上涨行情中。此时是投资者另一个买入股票的机会。

（4）120 日均线—250 日均线平行上涨。

如果某只股票的 120 日均线位于 250 日均线上方，两条均线都稳健上涨且保持基本平行的形态，说明股价处于持续的上涨过程中。此时投资者可以积极追高买入股票并长期稳定持有。

万方发展日 K 线如图 6-6 所示。

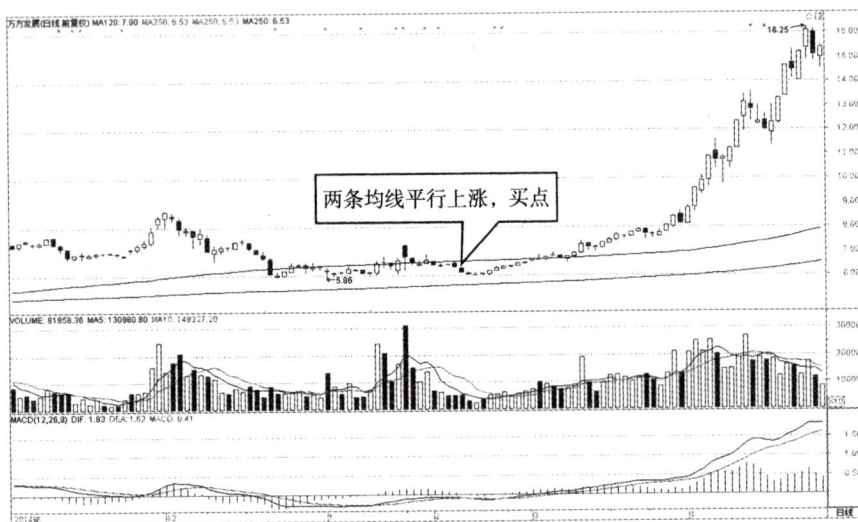

图 6-6　万方发展日 K 线

如图 6-6 所示，2015 年 1 月起，万方发展（000638）的 120 日均线和 250 日均线进入了平行上涨的趋势中。这样的形态说明多方力量持续稳健的将该股股价向上拉升。在这样的形态中，投资者可以积极买入股票并长期稳健持有。

二、回避上涨中的回调

股价持续上涨过程中可能出现较深幅度的回调，这种回调的幅度可能会很深，影响投资者在整个上涨过程中的获利幅度。利用均线指标，投资者就可以有效回避这些回落的跌幅，将自己的利润最大化。利用均线指标回避上涨中的回调的方法有以下几种。

（1）股价跌破 20 日均线。

如果股价上涨过程中，一直沿 20 日均线上涨，这条均线就是上涨的重要支撑线。如果股价回落时，跌破了 20 日均线，说明有一轮大幅下跌行情即将展开，此时投资者应该尽快卖出手中的股票，规避风险。

随后的行情中，如果股价能回到 20 日均线上方并且再次获得支撑上涨，就说明股价结束回调开始继续上涨行情。此时投资者可以将卖出的股票再买回，继续持有。

新五丰日 K 线如图 6-7 所示。

如图 6-7 所示，2015 年 1 月，新五丰（600975）股价一直沿其 20 日均线持续上涨。这样的形态说明 20 日均线是股价上涨重要的支撑线。

2 月初，股价跌破 20 日均线。这是股价见顶回落的信号。此时投资者应该先卖出手中的股票，规避下跌风险。

该股回落一段时间后反弹继续上涨，当股价突破 20 日均线后，再次沿 20 日均线持续上涨。这说明上涨行情继续。此时投资者可以将原来卖出的股票买回，继续持有。

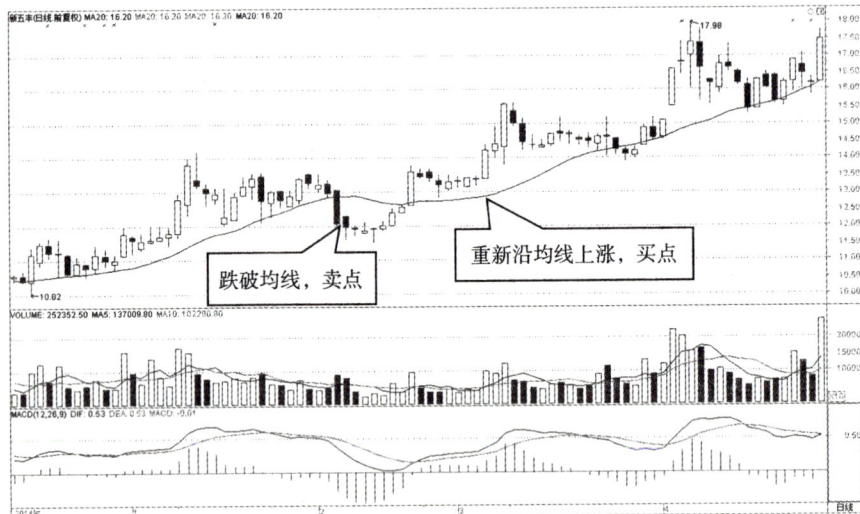

图6-7 新五丰日K线

（2）10日均线—30日均线死叉。

在股价持续上涨过程中，如果10日均线和30日均线形成了死叉形态，说明股价有见顶反弹的趋势，此时投资者应该先将手中的股票卖出，规避风险。

卖出股票后，如果未来股价见底反弹，两条均线再次形成金叉，则说明调整结束，股价再次上涨。此时投资者可以再将卖出的股票买回，继续持有。

中材国际日K线如图6-8所示。

如图6-8所示，2015年1月20日，中材国际（600970）的10日均线跌破其30日均线，形成死叉。这样的形态说明股价有见顶下跌的趋势，此时投资者应该先将手中的股票卖出，规避风险。

随后的上涨行情中，该股的10日均线又突破其30日均线，形成金叉。这说明经过调整后，该股重新进入上涨行情。此时投资者可以积极买入股票。

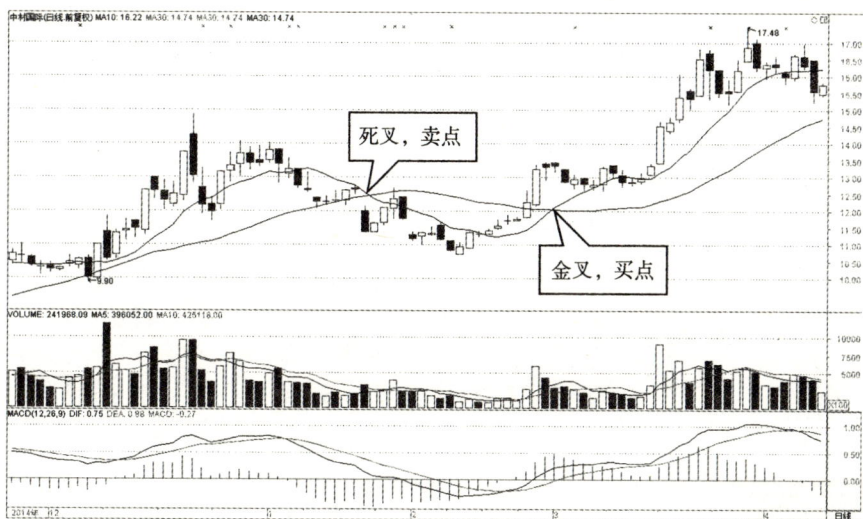

图 6-8 中材国际日 K 线

（3）10 日均线整理形态。

在上涨过程中，当 10 日均线形成三角形、矩形、旗形等整理形态时，说明上涨行情发生了停滞，股价有见顶下跌的可能。此时，如果投资者手中有股票，应该适当减仓，规避未来可能下跌的风险。

调整结束后，如果 10 日均线跌破整理区间下边线，说明下跌行情开始。此时投资者应该尽快抛出全部的股票。

如果 10 日均线突破整理区间上边线，则说明上涨行情开始。此时投资者可以积极加仓买入股票，追求更高收益。

中洲控股日 K 线如图 6-9 所示。

如图 6-9 所示，2014 年 12 月至 2015 年 2 月，中洲控股（000042）股价上涨过程中发生回落。回落时，10 日均线形成了旗形整理形态。看到这样的形态，投资者应该警惕股价见顶下跌的风险，适当卖出股票。

2 月初，当股价突破整理区间的上边线时，说明上涨行情开始。此时投资者可以积极加仓买入股票，追求未来股价上涨的收益。

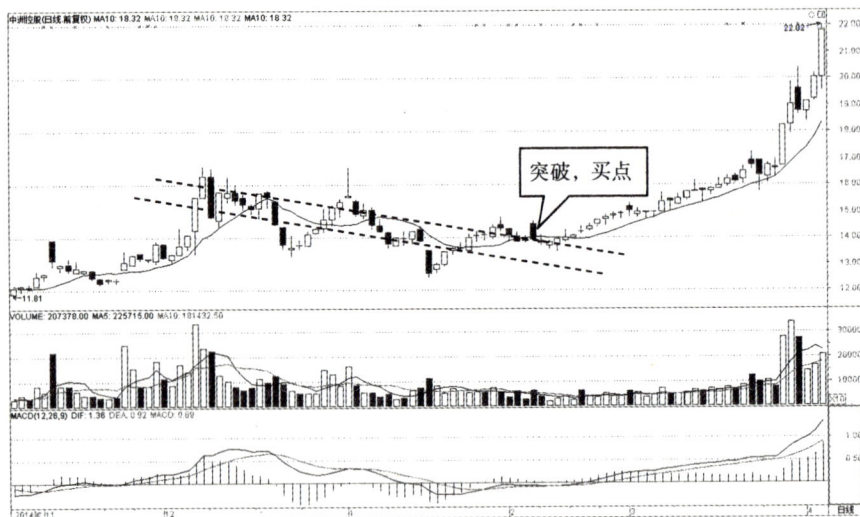

图 6-9　中洲控股日 K 线

三、在回调低点补仓

当股价持续上涨一段时间后，可能会形成回调行情。这样的回调有可能是下跌行情的开始，也有可能只是上涨中途的小幅整理。投资者通过均线指标，可以有效分辨出这次回落的性质，找出那些短暂的回调行情，在回调的低点补仓买入。

（1）股价在 30 日均线上获得支撑。

股价在上涨过程中，往往会受到 30 日均线的持续支撑力量。当股价在上涨中发生回调时，很可能回调到这条均线位置就获得支撑继续上涨。一旦这种能够获得支撑的行情出现，就说明上涨趋势还在继续。这样的情况下，投资者可以积极买入股票。

全柴动力日 K 线如图 6-10 所示。

如图 6-10 所示，2014 年 12 月，全柴动力（600218）股价下跌过程中，多次遇到了 30 日均线的阻力。这说明 30 日均线是该股下跌重要的阻力线。随后该股对 30 日均线形成有效突破后，这条均线会变成股价下跌重要的支撑线。

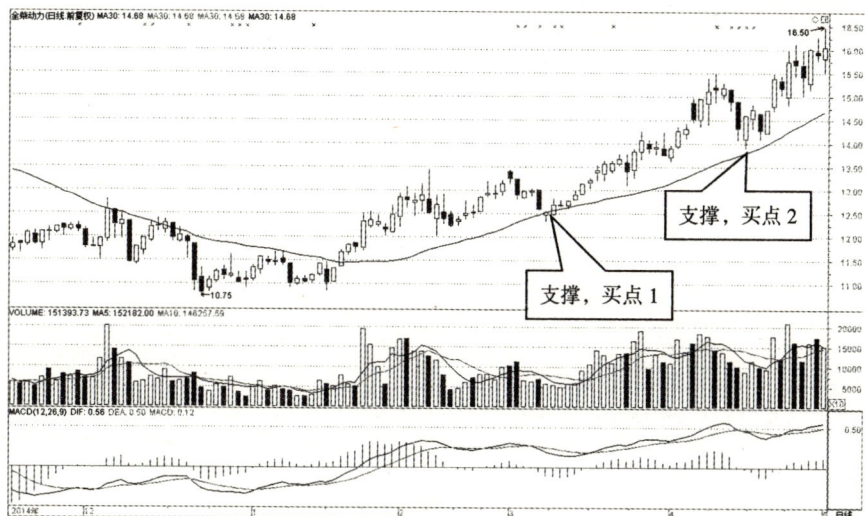

图 6-10　全柴动力日 K 线

3 月初，当股价回调到 30 日均线时获得支撑。这验证了 30 日均线的支撑作用。此时投资者可以积极买入股票。

4 月，股价再次回调至 30 日均线附近时，又获得支撑上涨。这样的形态是对均线支撑力量的进一步验证。此时投资者可以继续加仓买入股票。

（2）10 日均线在 30 日均线获得支撑。

在股价上涨的行情中，当 10 日均线回落，向下方的 30 日均线靠拢时，说明股价在短期内形成了回调行情。如果 10 日均线回调到 30 日均线位置获得支撑继续上涨，则说明上涨行情仍在继续。在这样的回调行情低点，投资者就可以积极买入股票。

长城信息日 K 线如图 6-11 所示。

如图 6-11 所示，2014 年 12 月至 2015 年 1 月，长城信息（000748）的 10 日均线向 30 日均线回落，同期其股价也开始见顶回落。随后，当该股的 10 日均线下跌至 30 日均线附近时，获得了较强支撑继续上涨。这样的形态说明该股的上涨行情未来仍将继续。此时的回落

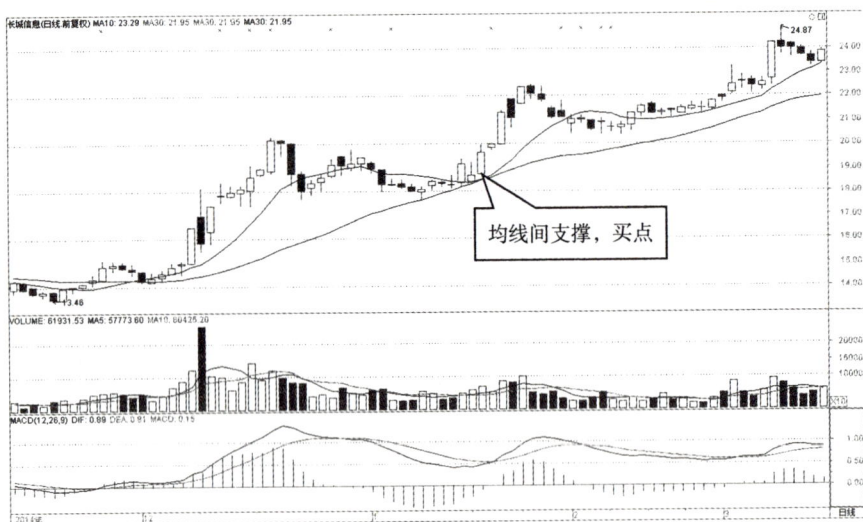

均线间支撑，买点

图 6-11　长城信息日 K 线

只是上涨中途的小幅调整。看到这样的形态，投资者可以积极买入股票。

（3）10 日均线—30 日均线二次金叉。

当股价在底部开始上涨时，其 10 日均线和 30 日均线往往会形成一个金叉形态。随着上涨行情开展，当股价上涨遇阻时，这两条均线会形成死叉。股价回落一段时间后，如果获得支撑反弹，并且 10 日均线和 30 日均线形成高位的第二次金叉，就说明上涨行情还将继续。这样的情况下，投资者可以积极买入股票。

*ST 路翔日 K 线如图 6-12 所示。

如图 6-12 所示，2015 年 1 月 21 日，*ST 路翔（002192）股价经过持续横盘整理后开始上涨，在上涨开始阶段，10 日均线突破 30 日均线形成了第一个金叉。这是投资者可以买入股票的标志。

该股持续上涨一段时间后见顶回落。回落时 10 日均线跌破了 30 日均线形成死叉。不过这次死叉形成后不久，10 日均线又突破 30 日均线形成了金叉形态。这样股价上涨之后的第二个金叉，说明上涨行

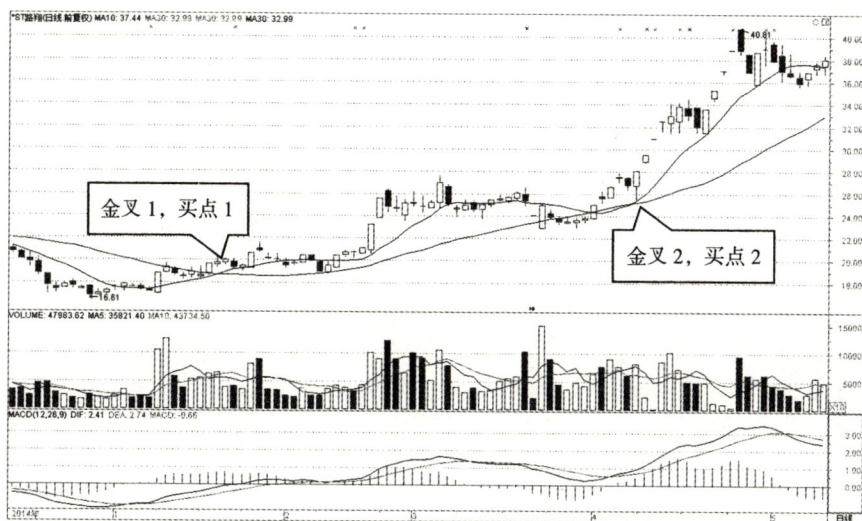

图 6-12　*ST 路翔日 K 线

情还将继续。看到这样的形态，投资者可以积极追高买入股票。

四、判断上涨顶部卖出

当股价上涨真正见顶时，通过均线指标投资者可以分辨出见顶的
信号，作为自己操作的参考。这样的见顶信号主要包括以下几个。

（1）跌破 60 日均线。

如果股价回落时跌破了 60 日均线，就说明股价的长期上涨趋势已
经被破坏。未来股价将要进入持续的下跌行情。看到这样的形态，投
资者应该尽快卖出股票。

股价跌破 60 日均线后，在未来的下跌行情中，还可能会遇到均线
的阻力。这样的形态说明下跌趋势仍在继续，这也是投资者卖出股票
的机会。

*ST 国通日 K 线如图 6-13 所示。

如图 6-13 所示，2014 年 11 月底，*ST 国通 （600444）的股价跌
破其 60 日均线。这说明该股的中长期上涨趋势已经被破坏，持续的下

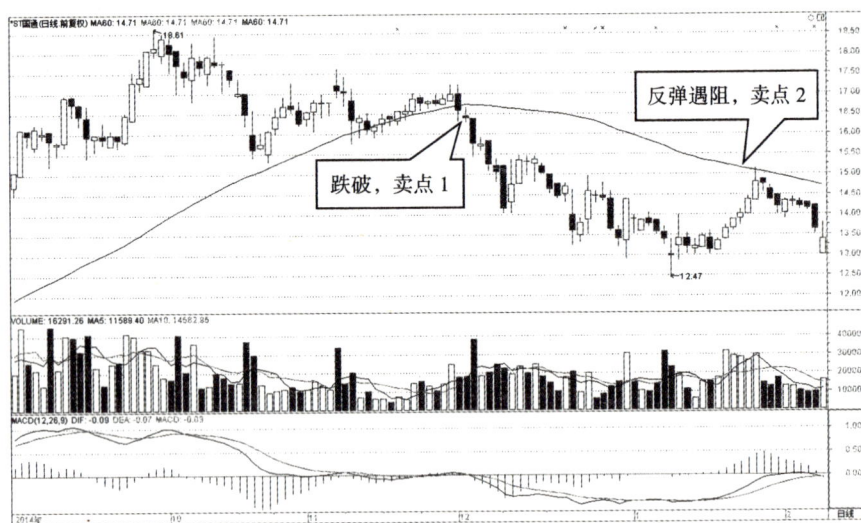

图 6–13　*ST 国通日 K 线

跌行情即将展开，此时投资者应该尽快卖出手中的股票。

下跌一段时间后，该股出现了小幅反弹。不过反弹至 60 日均线附近时就再次遇到阻力下跌。这样的形态是下跌趋势还将继续的信号。看到这样的形态，投资者同样应该尽快抛出手中的股票。

（2）10 日均线形成顶部形态。

当股票的 10 日均线在顶部形成双顶、三重顶、头肩顶等顶部形态时，一旦均线跌破顶部形态的颈线，就说明持续的下跌行情即将开始。这样的情况下投资者应该尽快卖出手中的股票。

10 日均线跌破颈线后可能会有回抽。不过回抽无法突破颈线就会再次向上。这种回抽是对下跌行情的进一步确认，也是另一个投资者卖出股票的机会。

东信和平日 K 线如图 6–14 所示。

如图 6–14 所示，2014 年 9 月至 11 月，东信和平（002017）股价上涨至高位后，其 10 日均线指标形成了三重顶形态。这是股价上涨遇到了巨大阻力的信号。当 10 日均线跌破三重顶的颈线时，说明顶部整

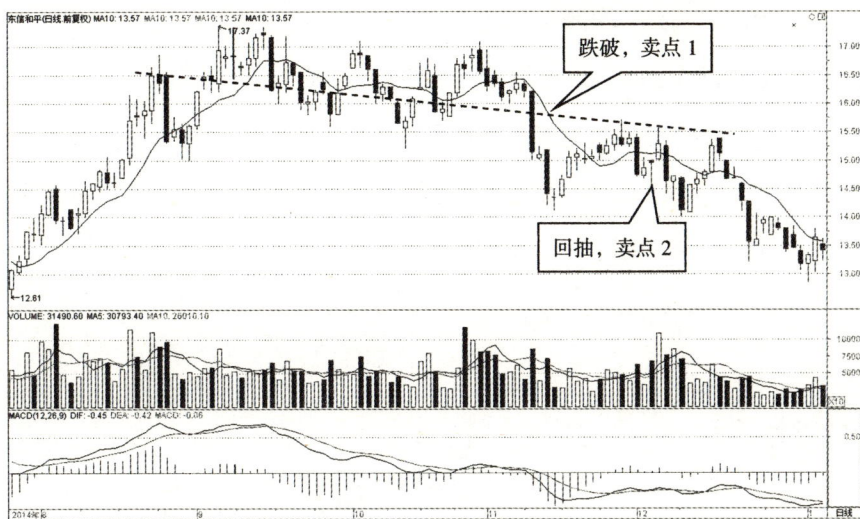

图6-14　东信和平日K线

理行情结束，下跌行情开始。此时投资者应该尽快卖出手中的股票。

　　10日均线跌破三重顶颈线后出现了小幅回抽。不过回抽没能突破颈线就再次下跌。这次回抽是对下跌行情的进一步确认。当回抽遇阻下跌时，如果投资者手中还有股票，应该尽快卖出。

第二节　下跌趋势中的操作

　　当趋势处于持续下跌行情中时，投资者仍然可以通过均线指标找到一定的操作机会。

一、下跌行情开始时清仓

　　通过均线指标，当投资者看到下跌行情开始时，应该尽快卖出手中的股票。通过均线判断下跌行情开始的形态包括以下几种。

（1）股价沿 20 日均线下跌。

当行情见顶下跌时，如果沿着 20 日均线下方持续下跌并且反弹无法对 20 日均线形成有效突破，就说明该股的下跌行情已经开始，未来股价将会持续下跌。这样的情况下投资者应该尽快卖出手中的股票。

力源信息日 K 线如图 6-15 所示。

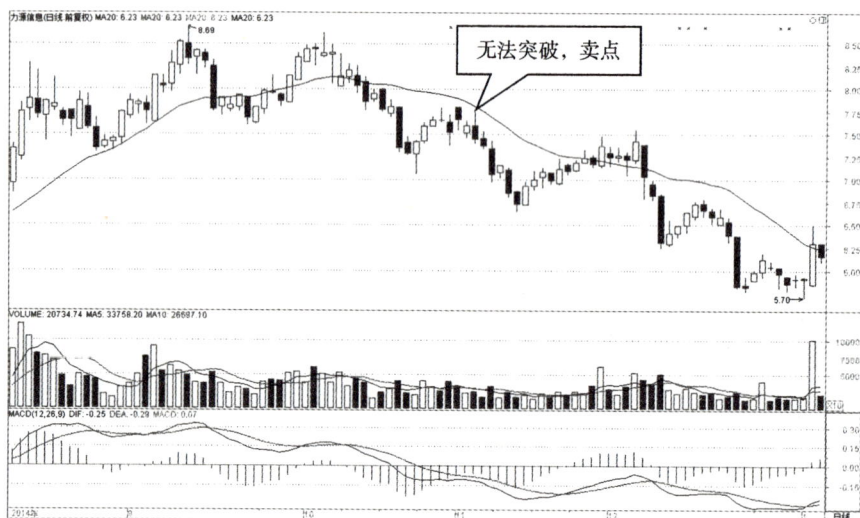

图 6-15 力源信息日 K 线

如图 6-15 所示，2014 年 10 月，力源信息（300184）的股价跌破其 20 日均线，随后又持续下跌。股价反弹时，也无法对 20 日均线形成有效突破。这样的形态说明该股已经进入弱势下跌行情中。未来这种下跌行情将会持续较长时间。看到这样的形态后，投资者应该尽快卖出手中的股票。

（2）5 日均线—10 日均线—30 日均线空头排列。

当股价见顶下跌时，如果 5 日均线连续跌破 10 日均线和 30 日均线，10 日均线也跌破了 30 日均线，三条均线组成空头排列形态。就说明该股已经进入了持续的下跌行情中。看到这样的形态出现，投资者应该尽快卖出手中的股票规避风险。

青松股份日 K 线如图 6-16 所示。

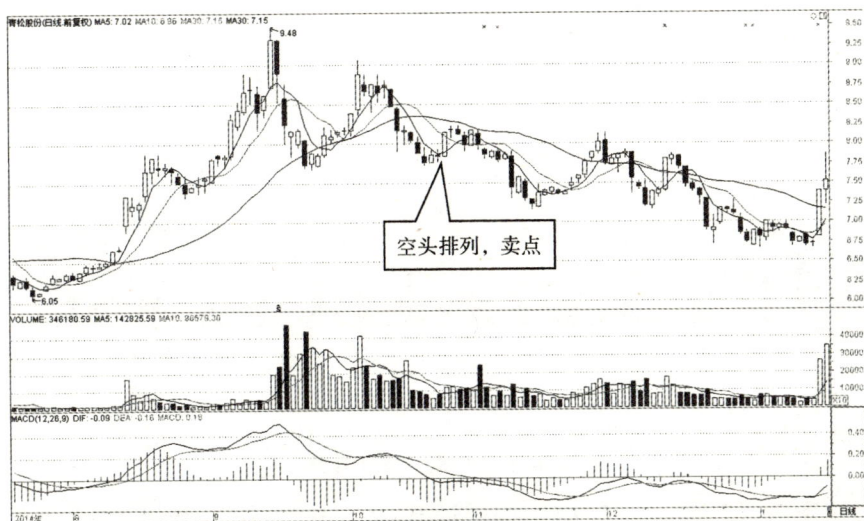

图 6-16 青松股份日 K 线

如图 6-16 所示，2014 年 10 月，青松股份（300132）股价见顶下跌时，5 日均线、10 日均线和 30 日均线组成了空头排列形态。这样的形态是该股已经进入持续下跌行情的标志。看到这样的形态后，投资者应该尽快卖出手中的股票，规避未来股价会持续下跌的风险。

二、抓住下跌中的反弹

股价在持续下跌的过程中可能会出现小幅反弹的行情。如果投资者能够有效抓住这些反弹行情，同样可以获得不错的收益。抓住下跌中途反弹行情的方法主要有以下几种。

（1）股价突破 20 日均线。

当股价沿 20 日均线下方持续下跌时，一旦能够突破 20 日均线，就说明有短线可操作的反弹行情出现。这样的情况下，投资者可以积极买入股票。

中海科技日 K 线如图 6-17 所示。

图 6-17 中海科技日 K 线

如图 6-17 所示，2014 年 10 月开始，中海发展（002401）股价沿其 20 日均线下方持续下跌。11 月 19 日，股价大幅上涨，突破了 20 日均线的阻力。这说明有短线可操作的反弹行情出现。此时投资者可以积极买入股票。

买入股票后，投资者应该保持短线操作思路，谨慎持有。一旦发现股价有回落迹象，马上就抛出手中的股票，确定收益。

（2）5 日均线金叉 30 日均线。

在股价持续下跌过程中，5 日均线会位于其 30 日均线下方持续下跌。如果这样的行情中 5 日均线突破了 30 日均线形成金叉，就说明股价有见底反弹的迹象。看到这样的形态，投资者可以积极短线买入股票。

苏州固锝日 K 线如图 6-18 所示。

如图 6-18 所示，2014 年 11 月起，苏州固锝（002079）股价进入了持续的下跌行情中。11 月 27 日，随着股价反弹，该股的 5 日均线突破 30 日均线形成金叉。这样的形态说明市场上出现了短线强反弹的机会。看到这样的形态，投资者可以积极买入股票。

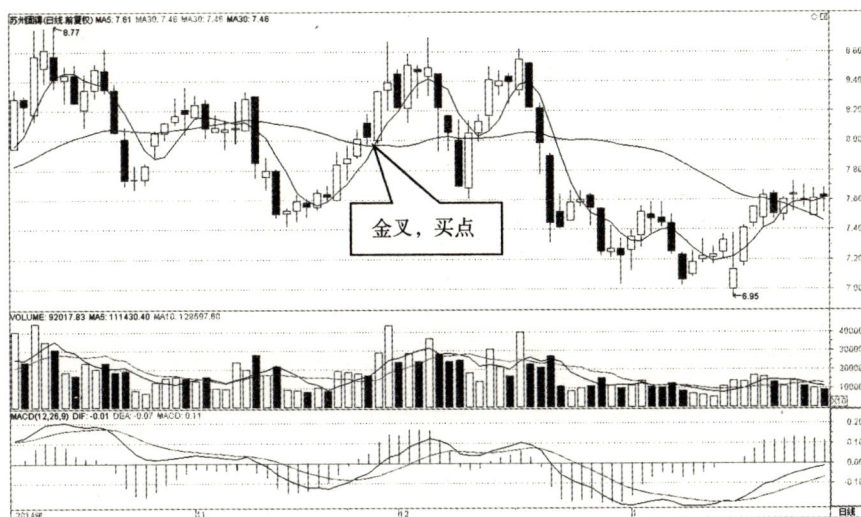

图 6-18　苏州固锝日 K 线

三、预测行情底部反转

根据均线指标的形态变化，投资者可以找到那些结束下跌趋势，进入上涨趋势的股票。买入这些股票后，投资者就可以享受未来股价持续上涨行情带来的收益。实际操作过程中，选择持续上涨股票的方法主要有以下几种。

（1）10 日均线形成底部形态。

当 10 日均线下跌至底部形成双底、三重底、头肩底等底部形态时，说明股价下跌获得了强烈支撑，下跌趋势即将结束。随后 10 日均线突破这些形态的颈线时，就标志着上涨行情已经开始。此时投资者可以积极买入股票。

10 日均线突破颈线后可能有小幅回抽。不过回抽不会跌破颈线就能继续向上。这次回抽是对突破形态的进一步确认，也是投资者加仓买入股票的机会。

人福医药日 K 线如图 6-19 所示。

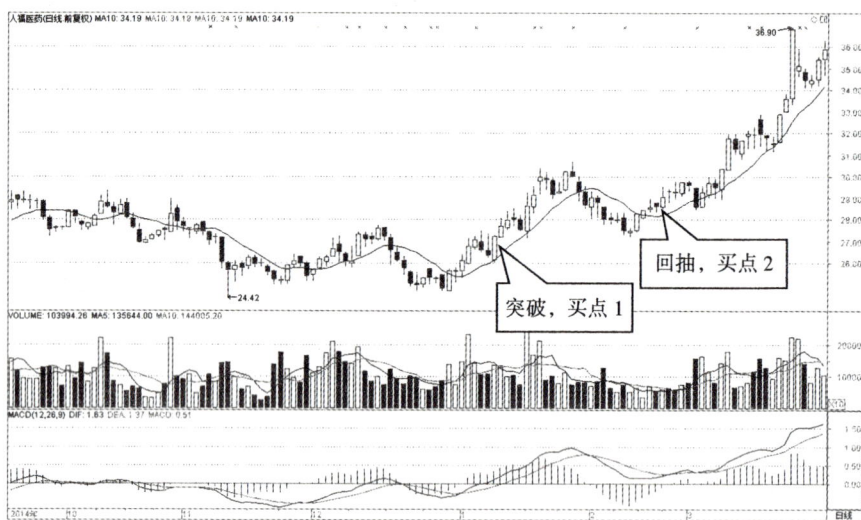

图 6-19 人福医药日 K 线

如图 6-19 所示，2014 年 11 月至 2015 年 1 月，人福医药（600079）的 10 日均线下跌至低位后形成了双底形态。这样的形态说明股价下跌后获得强烈支撑。是未来行情将会见底反转的信号。随后，当 10 日均线突破双底的颈线时，标志着上涨行情开始。此时投资者可以积极买入股票。

10 日均线突破颈线后发生了小幅回抽，不过回抽没有跌破颈线就再次向上。这次回抽是对突破形态的进一步确认，也是投资者另一个买入股票的机会。

（2）10 日均线—30 日均线不断交叉。

在一段持续下跌行情的尾端，如果 10 日均线和 30 日均线之间反复完成金叉然后死叉，就说明随着下跌，不断有抄底资金进入。这种反复交叉的频率越高，说明抄底资金越强。行情有见底反弹的趋势。

随后，当两条均线完成金叉后不再死叉时，就说明下跌行情已经结束，上涨行情开始。此时投资者可以积极买入股票。

中航飞机日 K 线如图 6-20 所示。

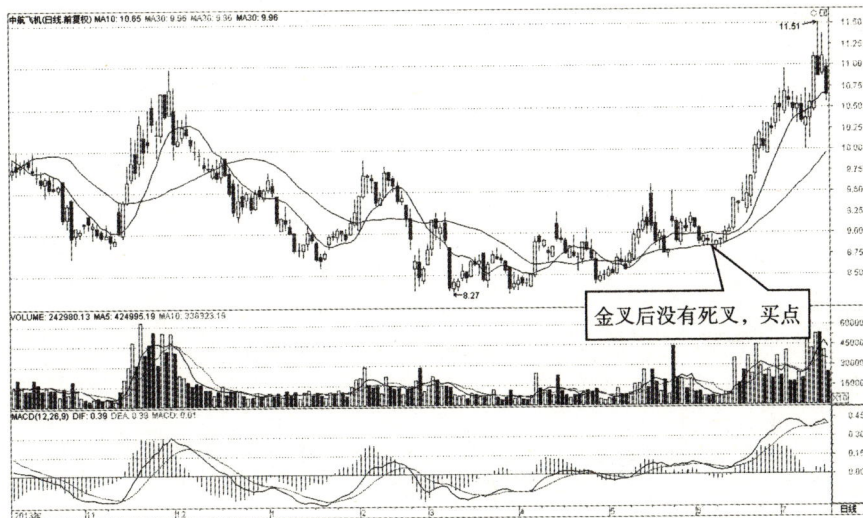

图 6-20　中航飞机日 K 线

如图 6-20 所示，2014 年年初开始，中航飞机（000768）股价下跌至尾端后，其 10 日均线和 30 日均线反复交叉。随着交叉的频率越来越高，该股也逐渐见底开始反弹。5 月底至 6 月，当 10 日均线突破 30 日均线形成金叉后，没有再形成死叉。这样的形态说明该股已经开始进入上涨行情。看到这样的形态，投资者可以积极买入股票。

（3）5 日均线—10 日均线—30 日均线黏合后向上发散。

在一段持续下跌行情的尾端，股票的 5 日均线、10 日均线和 30 日均线往往会形成黏合的形态。这样的形态说明之前持续打压股价下跌的空方力量不再强势，多方力量增强，市场上出现了多空双方力量僵持的局面。

这样的形态完成后，如果 5 日均线在上、10 日均线在中间、30 日均线在下边，三条均线组成多头排列形态且逐渐向上发散，就说明多方在底部的持续僵持过程中胜出。未来股价将在多方力量的拉升下持续上涨。看到这样的形态后，投资者可以积极买入股票。

南京中北日 K 线如图 6-21 所示。

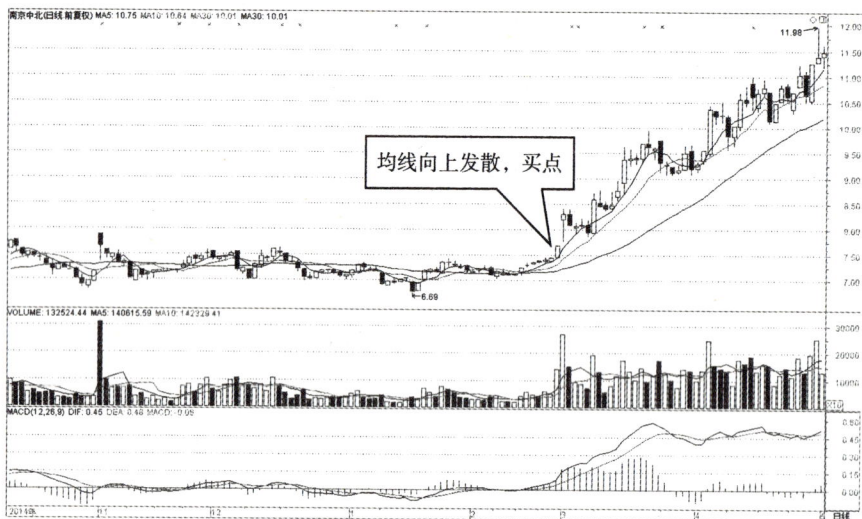

图 6-21　南京中北日 K 线

如图 6-21 所示，2015 年 1 月底至 2 月初，南京中北（000421）股价下跌至底部后，其 5 日均线、10 日均线和 30 日均线之间反复交叉，纠缠在一起。这是空方力量不再强势，股价下跌后获得支撑的信号。

2 月底，股价开始上涨，同时 5 日均线、10 日均线和 30 日均线之间组成了多头排列形态且持续上涨。这样的形态说明该股已经结束底部整理，进入持续的上涨行情中。看到这样的形态，投资者可以积极追高买入股票。

（4）120 日均线—250 日均线金叉。

在一段持续下跌行情中，120 日均线往往会在 250 日均线下方，这说明股价进入了持续的下跌行情中。随后当股价见底反弹时，如果 120 日均线突破 250 日均线形成金叉，就说明持续的下跌行情结束，上涨行情开始，此时投资者可以积极买入股票。

万顺股份日 K 线如图 6-22 所示。

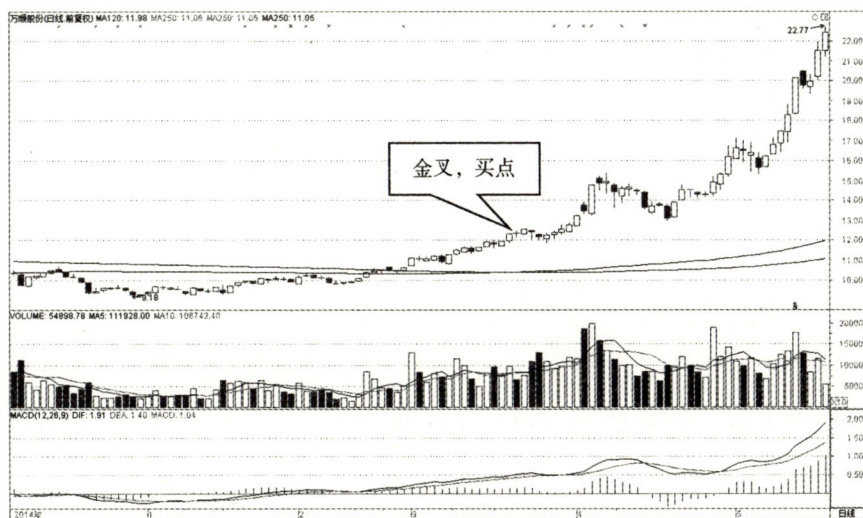

图 6-22 万顺股份日 K 线

如图 6-22 所示，在 2015 年 3 月之前的行情中，万顺股份（300057）的 120 日均线一直未予其 250 日均线下方。这说明该股处于持续的下跌行情中。

3 月 19 日，该股的 120 日均线突破 250 日均线形成金叉。这是股价进入中长期上涨趋势的标志。看到这样的形态，投资者可以积极买入股票。

第三节　横盘趋势中的操作

当股价处于持续震荡整理的行情中时，投资者可以借助行情走向进行低买高卖的短线波段操作。这样的操作同样可以使用均线指标找到买点和卖点。

一、在顶部和底部波段操作

利用波段行情的底部和顶部，投资者可以在波段底部，股价见底反弹时买入股票，到波段顶部，股价开始下跌时卖出股票，赚取中间的价差收益。

（1）利用股价对 20 日均线的突破做波段。

在持续的震荡行情中，当股价向上突破 20 日均线时，说明持续上涨的行情开始，此时投资者可以买入股票。当股价向下跌破 20 日均线时，说明持续下跌的行情开始，此时投资者应该尽快卖出股票。利用这样的波段操作，投资者可以抓住波段过程中大多数的上涨区间，并且回避股价回落的区间。

达刚路机日 K 线如图 6-23 所示。

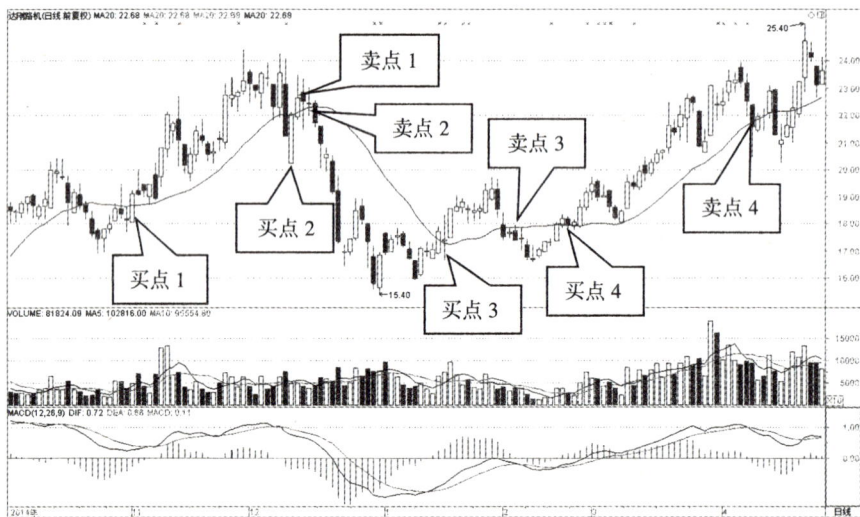

图 6-23　达刚路机日 K 线

如图 6-23 所示，2014 年 10 月至 2015 年 5 月，达刚路机（603766）股价持续大幅震荡的过程中，投资者可以利用 20 日均线指标进行低买高卖的波段操作。每次股价突破 20 日均线时买入，跌破 20 日均

线时卖出。

从图中可以看出，在第一对买卖点出现时，投资者利用这样的方法可以实现低买高卖，赚到不错收益。

第二对买卖点和第三对买卖点出现时，投资者虽然获利空间不大，不过只要严格按照突破和跌破操作，也不会有损失。

第四对买卖点出现时，投资者可以再次抓住股价大幅上涨的区间。

通过这样的买卖形态投资者可以知道。使用这个买卖形态时，重点是突破时马上买入，跌破时马上卖出，即使无法抓到上涨趋势也不会面临太大风险。不要犹豫不决，使资金陷入套牢的局面。

（2）利用 10 日均线—30 日均线间的金叉和死叉做波段。

在股价持续波动的行情中，投资者可以在 10 日均线向上突破 30 日均线形成金叉时买入股票，在 10 日均线向下跌破 30 日均线形成死叉时卖出股票。利用这样的低位金叉和高位死叉的波段，投资者同样可以获得波段涨幅。

与股价对 20 日均线突破和跌破的操作方法相比，这种两条均线间金叉和死叉给出的信号会比较滞后，可能要股价上涨一段时间后才形成买点，股价下跌一段时间后才形成卖点，投资者的利润空间会减小。相对其优点则是买卖信号会更加准确，无效的信号更少。因此，投资者利用这种形态，更适合操作股价出现较大幅度波动的股票。

达刚路机日 K 线如图 6-24 所示。

如图 6-24 所示，2014 年 10 月至 2015 年 5 月，达刚路机（603766）股价持续大幅震荡的过程中，投资者可以利用 10 日均线和 30 日均线间的金叉和死叉进行低买高卖的波段操作。每次 10 日均线向上突破 30 日均线形成金叉时买入，跌破 10 日均线向下跌破 30 日均线形成死叉时卖出。

当第一对买卖点出现时，投资者可以获得一定的收益。

图 6-24　达刚路机日 K 线

第二对买卖点出现时，因为信号滞后，投资者需要承担一定的损失。

第三对买卖点出现时，投资者可以获得一个比较大幅度的收益。

与图 6-23 中的买卖点对比，投资者可以看出这两种操作方法的区别。利用股价对 20 日均线突破和跌破进行操作，无论买卖都会比较及时。而利用 10 日均线和 30 日均线之间的金叉进行操作，无效的信号会比较少。这两种方法在实战中各有所长。投资者可以根据需要作出选择。

二、寻找横盘行情的强势股

同样是持续横盘的股票，也会有强势和弱势的区别。强势的横盘股重心会被不断抬高，每次上涨的幅度更大，回落的幅度更小，投资者交易这类股票能够获得更大的利润空间。因此，在大盘持续整理的行情中，投资者最好选择那些强势的横盘股进行波段操作。强势横盘股的特点有以下几个。

（1）10 日均线逐渐抬高的股票。

如果在持续横盘整理的过程中，股票的 10 日均线柱线向上抬高，具体表现为 10 日均线的低点越来越高，高点也越来越高。就说明该股虽然持续横盘整理，但是在横盘过程中市场上的多方力量要强于空方。波段上涨时，多方能够拉升股价形成更大涨幅，而波段下跌时，股价又不会被空方大幅向下打压。操作这类波段股票，投资者可以获得更大的利润空间。

棕榈园林日 K 线如图 6-25 所示。

图 6-25　棕榈园林日 K 线

如图 6-25 所示，2014 年 7 月至 2015 年 2 月，棕榈园林（002431）股价震荡过程中，10 日均线每次震荡上涨的高点依次抬高，震荡回落的低点也逐渐抬高。这样的形态说明该股处于强势震荡过程中。在这样的过程中，该股震荡上涨的幅度会比较大，同时震荡回落时的跌幅会比较小。这样的股票时投资者进行波段操作时良好的选择。

（2）60 日均线有支撑的股票。

在股价持续震荡过程中，如果回落到 60 日均线附近时获得了较强支撑，没有向下跌破 60 日均线，则说明此时该股仍处于中长期的上涨行情中。这次震荡整理行情只是上涨中途的正常调整，此时市场整体还比较强势，并且未来股价还有继续强势上涨的可能。对于这种股票，投资者可以积极进行短线波段操作，抓取每次波段上涨的涨幅。

东方精工日 K 线如图 6-26 所示。

图 6-26　东方精工日 K 线

如图 6-26 所示，2014 年 12 月至 2015 年 4 月，东方精工（002611）股价虽然大幅震荡，但是其股价一直位于 60 日均线上方。这样的形态说明此事该股仍处于强势行情中。这次震荡也是一次强势震荡。在这样的震荡行情中，投资者可以抓住机会进行短线波段操作。

（3）120 日均线在 250 日均线上方。

如果股价大幅震荡时，其 120 日均线能够一直保持在 250 日均线上方，就说明该股仍处于长期的上涨行情中。只要这种行情还在继续，即使股价大幅震荡，其每次震荡上涨的幅度也要超过震荡下跌的幅度。在这样的过程中，投资者可以积极进行短线波段操作。

常山药业日 K 线如图 6-27 所示。

图 6-27　常山药业日 K 线

如图 6-27 所示，2014 年 12 月至 2015 年 3 月，常山药业（300255）股价震荡整理过程中，其 120 日均线一直位于 250 日均线上方。这样的形态说明该股仍处于长期上涨行情中。此时市场上仍然是多头氛围占据主动，股价震荡过程中的上涨幅度要超过下跌幅度。在这样的过程中，投资者可以积极进行波段操作。

三、判断横盘结束后的突破方向

当持续的震荡行情结束后，股价会选择一定的方向进行突破。利用均线指标，投资者可以准确判断出股价突破的方向。如果是向上突破，投资者就可以积极买入股票，追求未来的上涨幅度。如果是向下突破，投资者则应该尽快卖出股票，规避未来的下跌风险。

（1）观察 10 日均线的突破形态。

经过持续的横盘整理后，如果 10 日均线向上突破了之前横盘过程中多个横盘高点的连线，就说明股价结束横盘整理，开始进入上涨行情。这是未来股价会持续上涨的信号。此时投资者可以积极追高买入股票。

天虹商场日 K 线如图 6-28 所示。

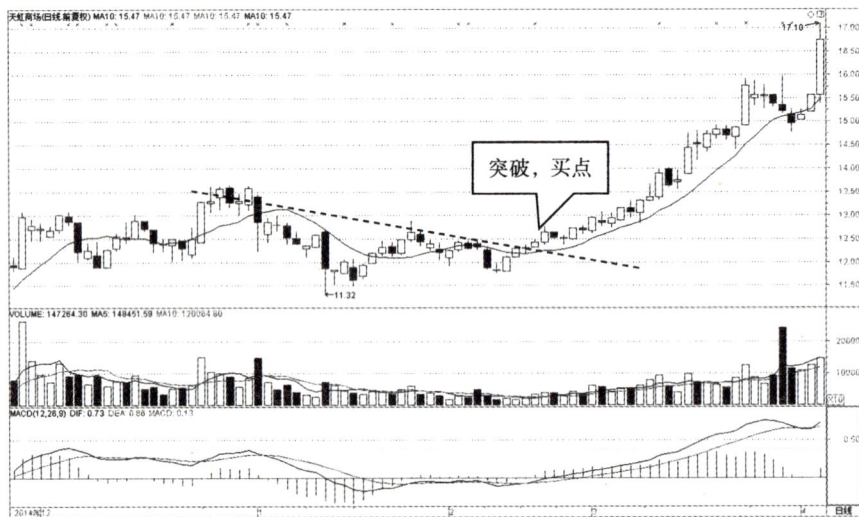

图 6-28　天虹商场日 K 线

如图 6-28 所示，2015 年 1 月至 2 月，天虹商场（002419）横盘整理过程中，投资者可以用直线将 10 日均线连续两次上涨的高点连接起来。随后，当 10 日均线开始上涨，突破这条直线时，说明行情结束横盘整理后，选择了向上突破。此时上涨行情已经开始，投资者可以积极买入股票。

经过持续的横盘整理后，如果 10 日均线向下跌破了之前横盘过程中多个横盘低点的连线，就说明股价结束横盘整理，开始进入下跌行情。这是未来股价会持续下跌的信号。此时投资者应该尽快卖出手中的股票。

方大集团日 K 线如图 6-29 所示。

如图 6-29 所示，2014 年 11 月至 12 月，方大集团（000055）股价在顶部横盘整理的过程中，投资者可以将 10 日均线每次回落的低点用直线连结起来。随后的行情中，当 10 日均线跌破这条直线时，说明

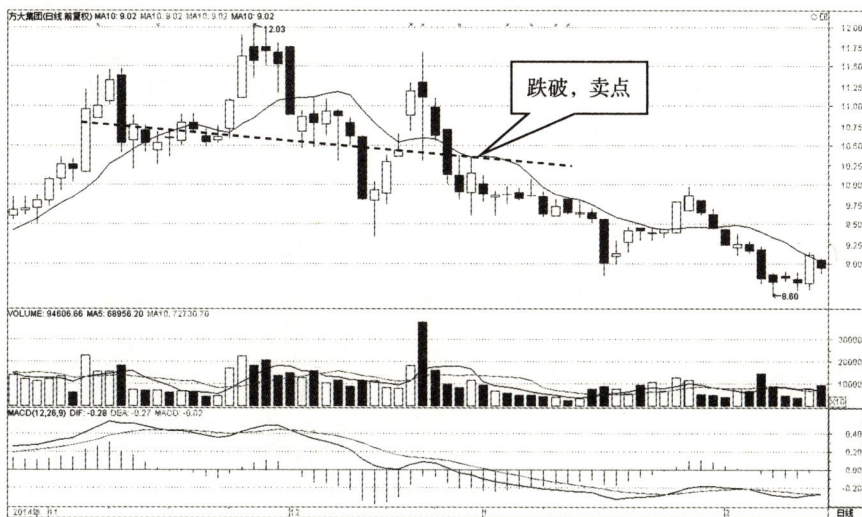

图 6-29　方大集团日 K 线

下跌行情已经开始，未来该股股价会持续下跌，此时投资者应该尽快卖出手中的股票。

（2）观察 5 日均线—10 日均线—30 日均线的发散方向。

经过持续的横盘整理行情后，如果股票的 5 日均线、10 日均线和 30 日均线组成多头排列形态并且向上逐渐发散，就说明该股已经进入了持续的上涨过程中，未来这样的上涨行情将会持续一段时间。看到这样的形态后，投资者可以积极买入股票。

天邦股份日 K 线如图 6-30 所示。

如图 6-30 所示，2015 年 2 月，天邦股份（002124）股价经过持续横盘整理后，其 5 日均线、10 日均线和 30 日均线组成多头排列形态并且向上逐渐发散。这样的形态说明该股已经结束横盘整理行情，进入持续的上涨行情中。看到这样的形态，投资者可以积极追高股票。

经过持续的横盘整理行情后，如果股票的 5 日均线、10 日均线和 30 日均线组成空头排列形态并且向下逐渐发散，就说明该股已经进入了持续的下跌过程中，未来这样的下跌行情将会持续一段时间。看到这样的形态后，投资者应该尽快卖出股票。

151

图 6-30　天邦股份日 K 线

深国商日 K 线如图 6-31 所示。

图 6-31　深国商日 K 线

　　如图 6-31 所示，2014 年 12 月底，深国商（000056）股价经过顶部震荡整理后，其 5 日均线、10 日均线和 30 日均线组成空头排列形态并且向下逐渐发散。这样的形态说明该股经过持续震荡整理后，市场上的空方力量占据主动，开始将股价持续向下打压。看到这样的形态后，投资者应该尽快卖出手中的股票。

第七章 实战图解均线的跟庄操作

第一节 寻找主力建仓的痕迹

建仓是指庄家买入股票的过程。投资者可以选择庄家建仓的股票买入。一旦庄家建仓结束，股价就会被持续向上拉升。

一、K 线和均线纠缠建仓

庄家在建仓时，为了以尽量低的成本买入足够多的股票，不会让股价出现快速上涨的行情。而是会打压股价持续横盘整理或者小幅回落。在这个过程中，K 线会与短期均线反复纠缠在一起。因此，当看到这样的形态时，投资者应该注意有庄家在建仓的可能性。

当庄家建仓完成后，如果 K 线与均线分离，且 K 线位于均线上方，两者之间的距离越来越远，就说明庄家已经吸入了足够的筹码，未来会将股价持续向上拉升。看到这样的形态时，投资者可以积极买入股票。

嘉事堂日 K 线如图 7-1 所示。

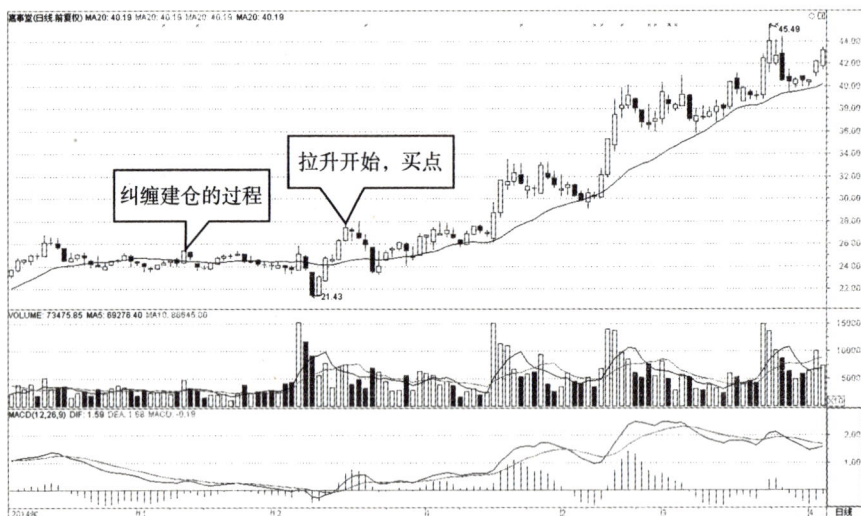

图 7-1　嘉事堂日 K 线

　　如图 7-1 所示，2014 年 11 月至 12 月，嘉事堂（002462）股价横盘整理过程中，K 线与其 20 日均线反复纠缠。这是庄家建仓的典型手法。庄家为了控制自己的建仓成本，只要股价有上涨的迹象就会将股价向下打压。造成股价持续横盘整理，无法进入上涨行情中。

　　2015 年 1 月，当 K 线向上突破 20 日均线，并且两者之间的距离逐渐拉大时，说明庄家建仓结束，开始将股价向上拉升。看到这样的形态，投资者可以积极买入股票。这个形态出现时，投资者可以积极买入股票。

　　当庄家建仓时，不仅 K 线与均线纠缠，多条短期均线之间同样会纠缠在一起。一旦这些均线组成多头排列并逐渐向上发散，就是拉升行情开始的标志。此时投资者可以积极买入股票。

　　证通电子日 K 线如图 7-2 所示。

　　如图 7-2 所示，2014 年 11 月至 2015 年 1 月，证通电子（002197）的 K 线、5 日均线、10 日均线和 30 日均线反复纠缠在一起。这是有庄家在建仓的典型信号。庄家为了压低建仓成本，每过一段时间就将股

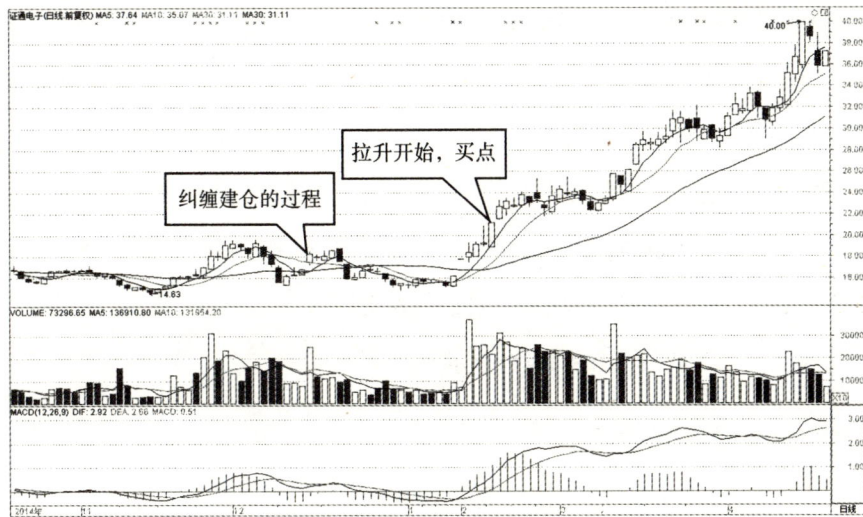

图 7-2 证通电子日 K 线

价向下打压，使 K 线与均线、均线与均线间形成反复纠缠的形态。

2015 年 2 月，当 5 日均线、10 日均线和 30 日均线形成多头排列并逐渐向上发散时，说明庄家已经结束建仓，开始将股价向上拉升。未来股价有望在庄家的拉升下持续上涨。看到这样的形态时，投资者应该尽快卖出股票。

二、放量建仓时均线不涨

成交量是投资者判断庄家建仓的重要指标。庄家在建仓时可能使用各种手法隐藏自己对股价走势的影响，但是巨大买单对成交量的影响是无法隐藏的。通过成交量变化，投资者可以有效判断出庄家建仓的信号。

在庄家建仓的过程中，股价不会有太大的上涨幅度，K 线与均线，均线与均线之间会形成反复纠缠的形态。如果这个过程中成交量持续放大，则说明有大量资金在这个过程中买入股票。这么强的买方力量应该推动股价上涨。而股价此时没有上涨，只是与均线纠缠在一起，就是一种反常的现象。这种反常现象说明此时的股价横盘是被庄家操纵的。庄家打压股价，使股价不因自己的买盘而上涨，其目的是要以更低的价格购入更多股票。

当放量横盘的行情结束后，如果股价开始放量上涨，则说明庄家已经建仓结束，不再需要压制股价。未来股价将迎来庄家拉升的行情。看到这样的形态，投资者可以积极买入股票。

恒宝股份日 K 线如图 7-3 所示。

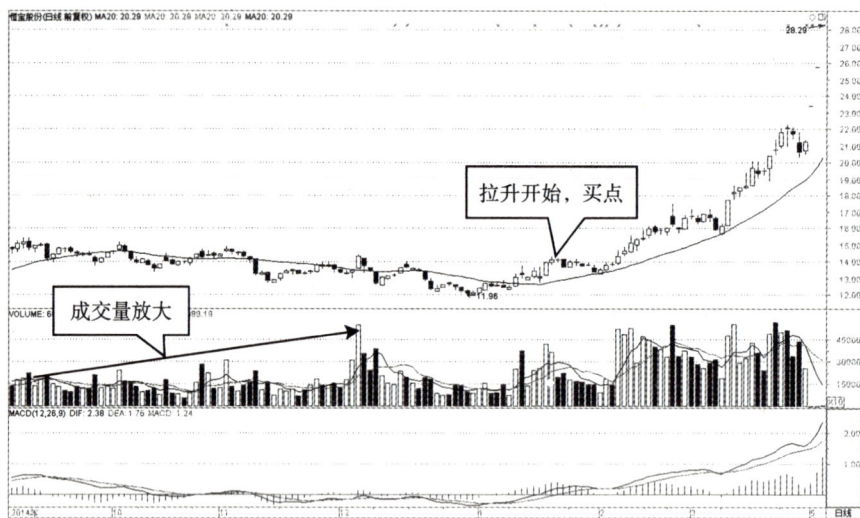

图 7-3　恒宝股份日 K 线

如图 7-3 所示，2014 年 9 月至 12 月，恒宝股份 (002104) 的股价持续震荡整理过程中，其成交大幅放大。这样的成交量大幅放大说明有大量资金买入股票，本应推动股价持续上涨。不过从 K 线和均线的走势看，该股的 K 线与 20 日均线反复纠缠在一起，20 日均线一直无法上涨，反而形成了下跌走势。这样的形态说明此时的行情是受到庄家操纵的。庄家不断打压股价，不让股价出现应有的涨幅，其目的是为了要在尽量低的位置上买入股票，完成建仓的过程。

随后，当成交量再次放大，K 线和均线分离，两者都开始持续上

涨时。说明庄家不再打压股价。这是庄家已经建仓完毕，未来股价将在庄家拉升下持续上涨的信号。看到这样的信号，投资者可以积极买入股票。

永新股份日 K 线如图 7-4 所示。

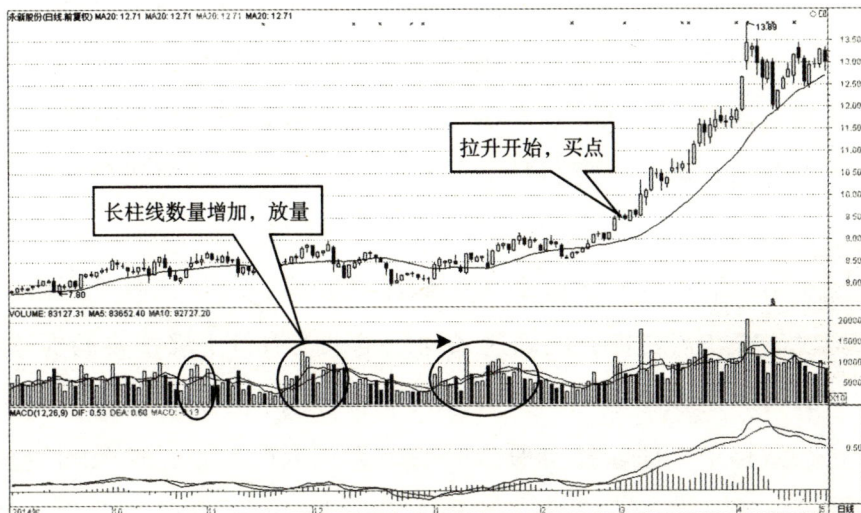

图 7-4　永新股份日 K 线

如图 7-4 所示，2014 年 10 月至 2015 年 2 月，永新股份（002014）K 线与均线反复纠缠过程中，成交量持续放大。这是庄家在建仓的信号。

从图 7-4 中可以看出，该股的成交量放大并不是表现为柱线长度越来越长，而是表现为长柱线的数量越来越多。这是庄家建仓时常用的手法。庄家建仓时为了隐藏自己的操作痕迹，往往不会在较短的几个交易日内进行极大量的交易，使成交量大幅放大，而是会在较长时间内进行比较大量的交易。在成交量图上的表现就是柱线长度没有增加，但是长柱线的数量越来越多。

2015 年 3 月，该股成交量大幅放大，同时 K 线和 20 日均线也都大幅上涨，并且两者之间的距离越来越大。这是庄家结束建仓，开始将股价向上拉升的信号。看到这样的形态，投资者可以积极买入股票。

三、股价长期被均线打压建仓

庄家为了在低位买入足够多的筹码，有一个重要的方法就是让持有股票的投资者丧失持股信心，主动在低位抛出股票。表现在均线的形态上，就是庄家会让股价在持续较长时间内，连续多次在同一条均线的位置遭遇阻力下跌。这样的形态一旦明确，投资者发现股价上涨面临巨大阻力，就会不愿再持有股票，纷纷卖出，庄家则借机以低价买入建仓。

建仓结束后，庄家会让股价突破这条均线，并且让股价回落时在这条均线位置获得支撑，明确这条均线是未来股价上涨重要的支撑线。这样做的目的是让原来丧失信心的投资者再次看好后市行情，纷纷买入股票，减轻未来庄家拉升股价时的阻力。因此，一旦这条均线被突破，并且成为上涨的支撑线，就是庄家结束建仓，开始拉升股价的标志。此时投资者可以积极买入股票。

金叶珠宝日 K 线如图 7-5 所示。

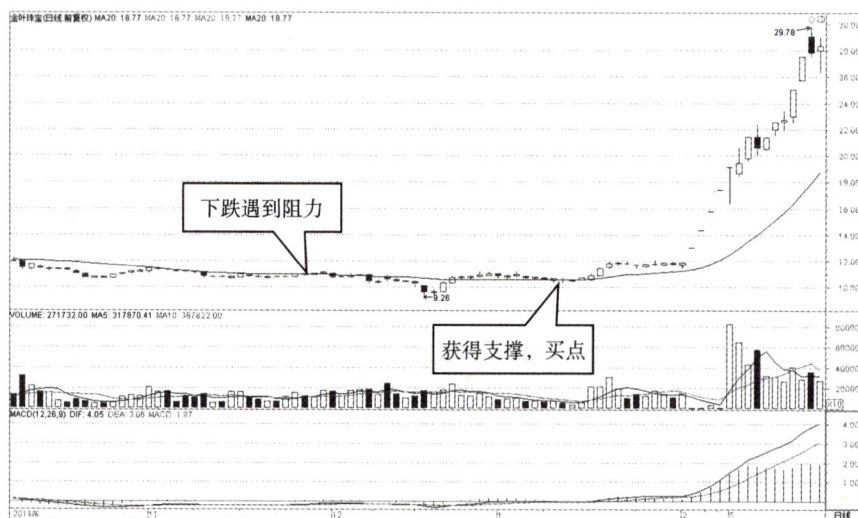

图 7-5　金叶珠宝日 K 线

如图 7-5 所示，2014 年 10 月至 12 月，金叶珠宝（000587）股价下跌过程中，连续多次在 20 日均线附近遇到阻力下跌。这说明 20 日均线是该股上涨重要的阻力线。这条阻力线明确后，投资者认为未来股价将在 20 日均线的打压下持续下跌，纷纷看空后市，抛出手中的股票。而庄家则可以借机以低价买入股票建仓。

12 月底，该股股价突破了 20 日均线，随后在 2015 年 1 月的回调中又在 20 日均线附近获得了支撑。这样的形态说明 20 日均线已经有阻力线变成支撑线。庄家这样做的目的是要让过去看空后市的投资者转而看好后市，再买入股票，减轻未来拉升股价时会遇到的阻力。这样的形态一旦出现，就是庄家开始拉升股价的信号。看到这个信号，投资者可以积极买入股票。

除了均线对股价的阻力外，在庄家建仓时，还会让某条短期均线在长期均线附近长期遇到阻力。这样做同样可以让投资者失去信心，认为股价未来会持续下跌，因而卖出股票，而庄家则可以在这个过程中以低价买入股票建仓。

最终，当短期均线能够突破长期均线并且回落时能获得这条长期均线的支撑时，说明庄家开始拉升股价。这样做的目的是让过去看空的投资者再看好后市，减轻庄家拉升股价的阻力。看到这个拉升开始的信号，投资者可以积极买入股票。

尤夫股份日 K 线如图 7-6 所示。

如图 7-6 所示，2014 年 11 月，尤夫股份（002427）股价回落过程中，10 日均线反弹至 30 日均线位置遇阻，随后又在 30 日均线下方持续下跌。这样的形态是庄家在建仓时的常用手法。庄家通过这样操作，可以让大量投资者看空后市卖出股票，而自己则可以以低价大量买入。

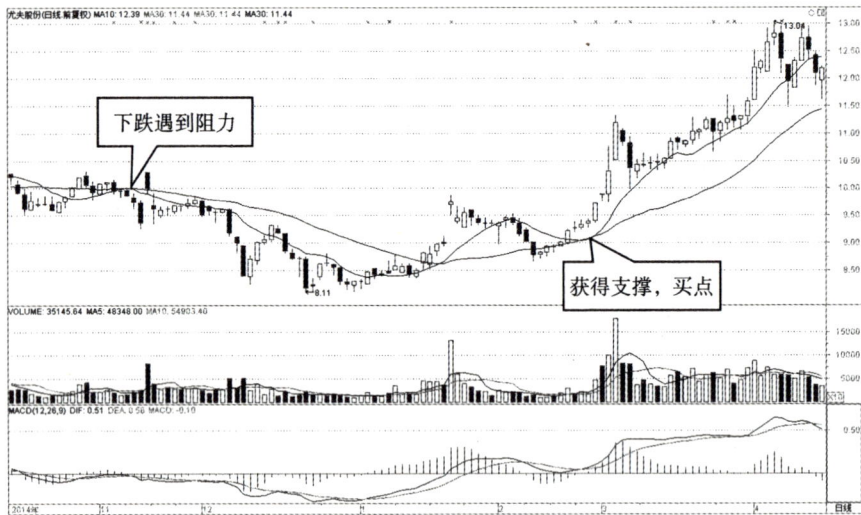

图 7-6　尤夫股份日 K 线

股价持续下跌至底部后开始反弹。2015 年 1 月，10 日均线突破了 30 日均线，随后 10 日均线回落时又在 30 日均线附近获得支撑。这样的形态说明庄家已经完成建仓，开始向上拉升股价。庄家这样做的目的是要给投资者信心，吸引更多投资者看好后市，追高买入，减轻拉升股价时会遇到的阻力。看到这样的拉升行情开始的信号，投资者可以积极买入股票。

第二节　找出即将拉升的股票

拉升是庄家坐庄过程中股价上涨最快的一段行情。当判断到股价即将被拉升时，投资者可以积极买入，享受庄家拉升带来的收益。

一、均线收敛后发散拉升

在庄家建仓时，多条均线往往会形成逐渐收敛的形态，反复纠缠在一起。如果这些均线经过纠缠后开始发散开，并且短期均线在上、长期均线在下，形成多头排列的向上发散形态，就说明庄家建仓结束，未来股价将会在庄家的拉升下持续上涨，看到这样的形态后，投资者可以积极买入股票。

新筑股份日 K 线如图 7-7 所示。

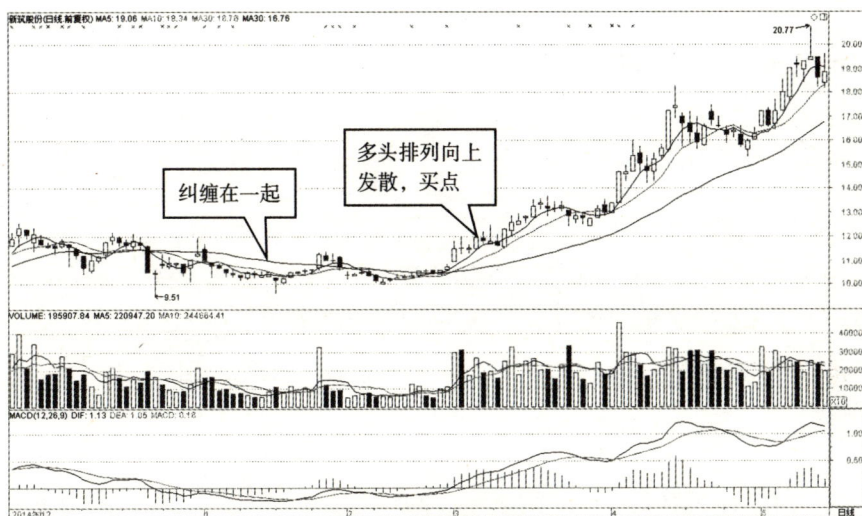

图 7-7　新筑股份日 K 线

如图 7-7 所示，2014 年 12 月至 2015 年 2 月，新筑股份（002480）股价横盘整理过程中，其 5 日均线、10 日均线和 30 日均线反复纠缠在一起。这样的形态说明该股的庄家正在操纵股价持续横盘，目的是要以低价买入足够多的股票。

3 月开始，该股的 5 日均线、10 日均线和 30 日均线组成了多头排列形态，并开始逐渐向上发散。这样的形态说明庄家已经完成建仓，开始将股价持续向上拉升。看到这样的形态，投资者可以积极买入股票。

庄家将股价拉升一段时间后，也会打压股价进行一定的横盘整理行情。通过这样的行情，庄家可以使原本持有股票获利的投资者抛出股票，另一些看好未来行情的投资者买入，抬高市场上投资者持有股票的平均成本，减轻未来继续拉升时会遇到的阻力。

在这样的整理过程中，股票的多条均线会再次收敛，逐渐纠缠在一起。一旦这些均线重新形成多头排列持续上涨，则是庄家已经完成调整，未来股价将会被继续向上拉升的标志。看到这样的形态，投资者可以继续加仓买入股票。

新乡化纤日 K 线如图 7-8 所示。

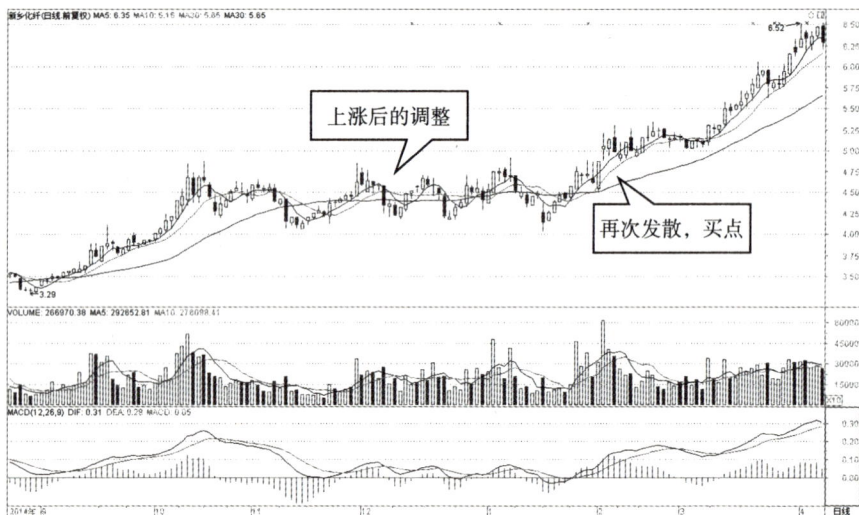

图 7-8　新乡化纤日 K 线

如图 7-8 所示，2014 年 10 月至 2015 年 1 月，新乡化纤（000949）股价上涨一段时间后持续横盘整理。同时 5 日均线、10 日均线和 30 日均线也逐渐收敛，纠缠在一起。这样的形态说明庄家拉升一段时间后，认为上方抛盘压力太大，于是操纵股价横盘整理，其目的是提高投资者的平均持股成本，减轻未来继续拉升时的阻力。

2015 年 2 月，三条均线再次形成多头排列形态并开始向上发散。这样的形态说明庄家操纵股价横盘的目的已经达成，未来股价将在庄家的拉升下继续上涨。看到这样的形态，投资者可以积极买入股票。

二、银山谷、金山谷形成后拉升

如果庄家在建仓过程中持续打压股价，那么在建仓过程中，多条均线往往会组成空头排列形态并持续下跌。随后一旦短期均线连续突破中期均线和长期均线、中期均线也突破长期均线，三条均线组成银山谷后持续上涨，就说明庄家建仓完成，开始将股价向上拉升。未来该股股价会在庄家的拉升下持续上涨。看到这样的形态后，投资者可以积极买入股票。

新朋股份日 K 线如图 7-9 所示。

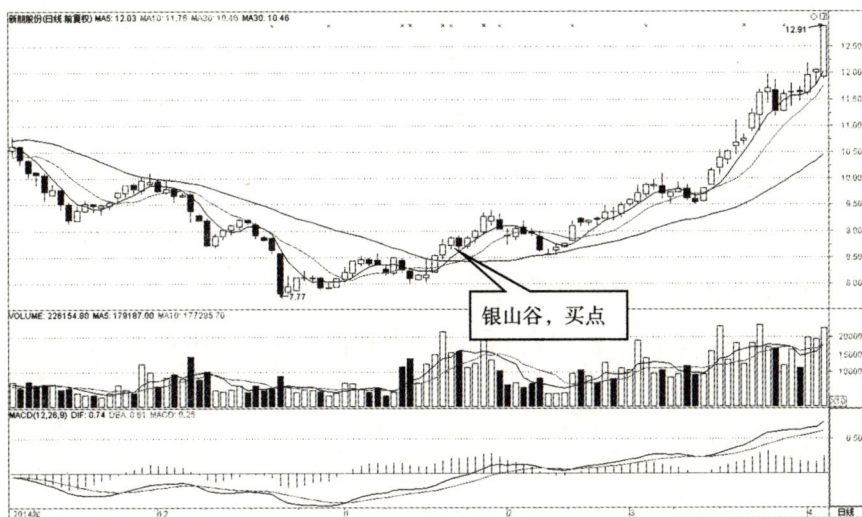

图 7-9 新朋股份日 K 线

如图 7-9 所示，2014 年 11 月至 12 月，新朋股份（002328）股价下跌过程中，其 5 日均线、10 日均线和 30 日均线组成空头排列形态并持续下跌。这个形态说明该股的庄家正在持续打压股价建仓。均线持续形成空头排列会使大量投资者看空后市而抛出股票，庄家则可以借机以低价买入股票。

2015 年 1 月，该股的 5 日均线先后突破 10 日均线和 30 日均线，随后 10 日均线也突破了 30 日均线，组成均线的银山谷形态。这样的形态说明庄家建仓结束，开始将股价向上拉升。预示着未来股价将在庄家的拉升下持续上涨。看到这样的形态后，投资者可以积极买入股票。

当股价持续上涨一段时间后，可能会形成回调整理行情。这样的回调整理行情说明庄家认为继续拉升股价的阻力较大，为此打压股价，诱使已经大量获利的投资者抛出股票，同时让一部分新的投资者进入持股，抬高市场上所有投资者的平均持仓成本，减轻未来继续拉升时会遇到的阻力。

当庄家打压股价时，为了制造恐慌，会让均线形成空头排列形态。随后，如果庄家认为调整的目的已经达成，就会拉升股价，均线也会结束空头排列，短期均线连续突破中期均线和长期均线、中期均线也突破长期均线。这样三条均线在上涨中途连续交叉的形态也就组成了金山谷形态。看到这样的形态，投资者同样可以积极买入股票。

新开源日 K 线如图 7-10 所示。

如图 7-10 所示，2014 年 12 月，新开源（300109）股价上涨一段时间后开始回调整理。这样的形态说明庄家为了抬高市场上所有投资者持有股票的平均成本，正在将股价向下打压，使原来持有股票的投资者卖出，同时诱使新的投资者抄底买入。庄家这样做的目的是要减轻未来继续拉升股价时遇到的阻力。

在股价回落过程中，5 日均线、10 日均线和 30 日均线组成空头排列形态并持续下跌。

2015 年 1 月，当股价回落至底部后开始见底反弹，同时 5 日均线

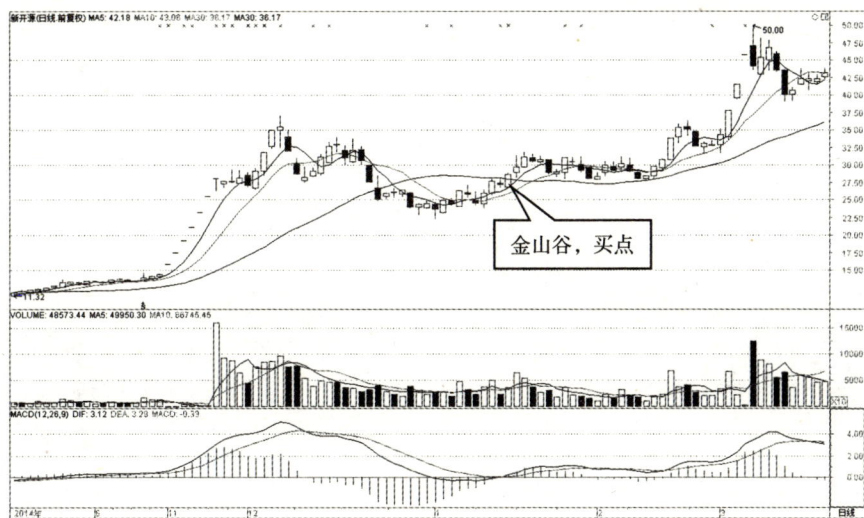

图 7-10　新开源日 K 线

先后突破 10 日均线和 30 日均线，随后 10 日均线也突破了 30 日均线。这种在上涨中途的三条均线连续交叉组成了金山谷形态。这个形态说明庄家打压股价的目标已经达成，未来股价将在庄家的拉升下持续上涨。看到这样的形态后，投资者可以积极买入股票。

三、一阳穿多线突然拉升

庄家操纵股价横盘整理建仓时，多条均线会持续纠缠在一起。建仓完成后，如果庄家想要在短期内快速将股价向上拉升，在拉升开始时就会操纵股价快速上涨，充分调动投资者的看多热情。这样快速上涨的 K 线很可能是一根大阳线，并且穿越了多跟纠缠在一起的均线。因此，看到股价在底部横盘一段时间后形成一阳穿多线的形态时，就说明庄家结束建仓，开始拉升股价，此时投资者可以积极买入股票。

新华传媒日 K 线如图 7-11 所示。

如图 7-11 所示，2014 年 11 月至 2015 年 2 月，新华传媒（600825）股价在底部持续横盘整理，其 5 日均线、10 日均线和 30 日均线纠缠

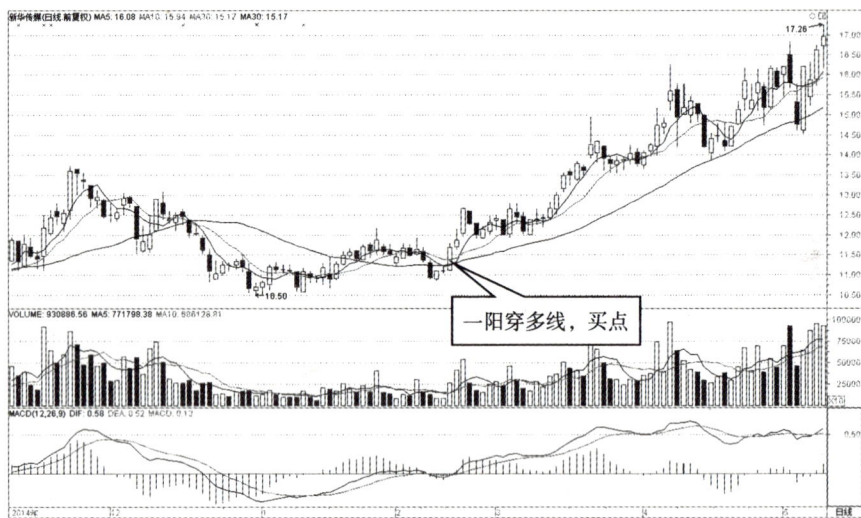

图 7-11 新华传媒日 K 线

在一起。这是庄家建仓的信号。

2 月 12 日，该股 K 线图上出现一根大阳线，同时穿越纠缠在一起的 5 日均线、10 日均线和 30 日均线。这样的形态说明庄家建仓结束，开始强势将股价向上拉升。未来股价短期内将出现较大幅度的上涨行情。看到这样的形态，投资者可以积极买入股票。

当股价上涨一段时间后横盘整理时，如果形成了一阳穿多线的形态，同样说明庄家操纵股价横盘整理结束，开始将股价快速向上拉升。看到这样的形态，投资者可以积极买入股票。

小天鹅 A 日 K 线如图 7-12 所示。

如图 7-12 所示，2015 年 2 月开始，小天鹅 A（000418）股价上涨至高位后开始持续横盘整理。这说明庄家认为股价上涨压力较大，使股票在这样的价位上被充分换手，抬高投资者的平均持股成本，减轻未来继续拉升的阻力。

在调整过程中，该股的 5 日均线、10 日均线和 30 日均线逐渐收敛，纠缠在一起。3 月 16 日，该股 K 线图上收出一根大阳线同时穿越

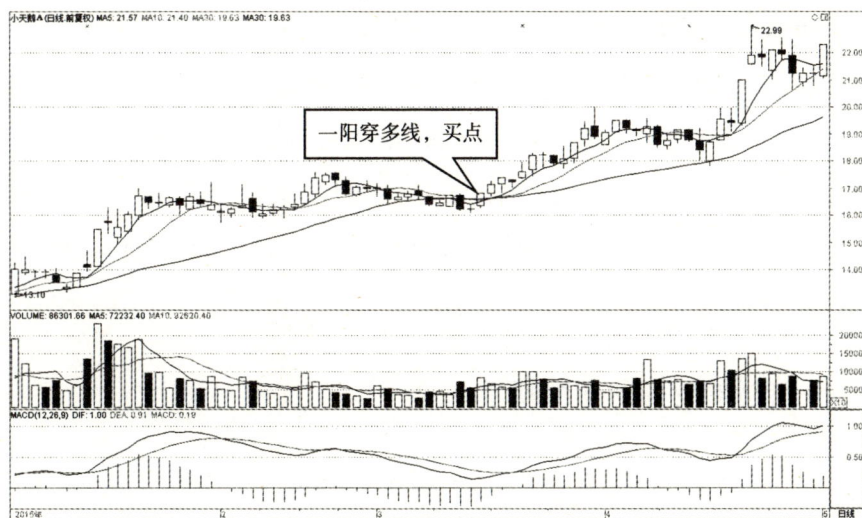

图 7-12 小天鹅 A 日 K 线

这三条均线。这样的形态说明庄家操纵股价横盘整理的目标已经达成，未来将会持续拉升股价。看到这样的形态，投资者可以积极买入股票。

第三节　分辨主力在洗盘还是出货

庄家拉升股价的过程中，为了避免继续拉升股价遇到太大阻力，会操纵股价持续横盘或者打压股价，使过去已经大幅获利的投资者抛出股票，同时让新的投资者买入持有，抬高投资者持有股票的平均成本。这样让筹码在投资者之间充分换手的过程称为洗盘。洗盘结束后，庄家会继续拉升股价。

庄家拉升股价至高位后，为了将手中的股票卖出在高位，会操纵股价持续横盘整理，尽量不让自己的抛盘影响到整体行情。这样在高位卖出股票的形态称为出货。出货结束后，股价失去了庄家力量的支撑，往往会见顶下跌，进入持续的下跌行情。

庄家的洗盘和出货，在 K 线形态上都表现为股价上涨一段时间后遇到阻力，上涨速度减缓，因此比较难以分辨。通过均线的形态，投资者可以找到两者之间一定的区别，分别庄家是在洗盘还是在出货。洗盘时可以继续持有股票待涨，而出货时则应该尽快卖出股票，规避未来的跌幅。

一、通过有支撑的均线判断

庄家洗盘时，为了在市场上制造足够的恐慌，诱使投资者卖出股票，往往会打压股价下跌，跌破上涨过程中起到重要支撑作用的中短期均线。不过洗盘毕竟只是上涨中途的调整。庄家洗盘结束后还要继续拉升股价。在洗盘时，庄家不会完全使股价破坏上涨趋势。当股价跌破中短期均线后，很可能会在某条重要的中长期均线位置获得支撑。这样可以保证投资者不会完全看空后市，当庄家结束洗盘继续拉升股价时，才可以获得足够多的投资者的支持。

湘邮科技日 K 线如图 7-13 所示。

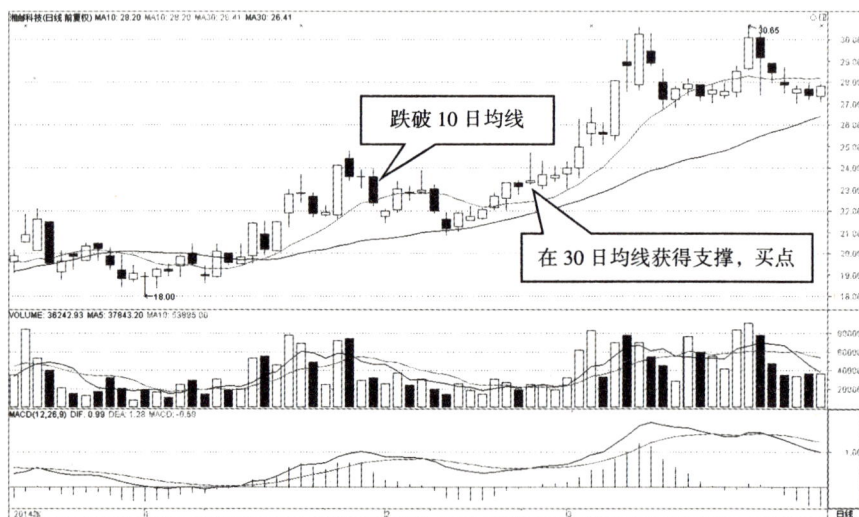

图 7-13　湘邮科技日 K 线

如图 7-13 所示，2015 年 1 月底至 2 月初，湘邮科技（600476）股价回落的过程中，跌破了之前对其有重要支撑作用的 10 日均线，不过随后下跌至 30 日均线位置时获得了较强支撑。

这样的形态是庄家在洗盘时的典型形态。股价跌破 10 日均线是为了诱使一部分投资者抛出手中的股票，达到庄家洗盘的目的。而下跌至 30 日均线获得支撑则是为了让另一部分投资者继续看好后市，以后继续追高买入，为庄家继续拉升股票做准备。

看到这样的形态，投资者可以确认此时庄家只是短暂打压股价洗盘。未来股价仍将在庄家的拉升下继续上涨。此时已经持有股票的投资者可以继续持有，未持有股票的投资者也可以追高买入。

当庄家出货时，其目的是要让更多投资者在高位追高买入。所以股价回落时，不会轻易跌破上涨过程中重要的支撑线，而是会在支撑线附近获得支撑持续向上。看到股价获得支撑，很多投资者就会追高买入股票，而庄家就可以借机在高位完成出货。

当追高买入的力量不足后，庄家会不计成本的大量抛出股票。这样的情况下，股价会轻易跌破短期均线和中期均线，各条均线都无法对股价起到足够的支撑作用。

因此，看到有这种形态出现时，投资者应该尽快卖出股票。

五矿发展日 K 线如图 7-14 所示。

如图 7-14 所示，2014 年 12 月底，五矿发展（600058）的庄家开始出货时，股价并没有下跌，而是先沿着 10 日均线持续上涨。在这个过程中，大量投资者认为上涨行情将会持续，追高买入，而庄家则借机卖出股票完成第一阶段的出货。

随后，当庄家认为追高买入的买盘不足后，就开始将股价向下打压。这次打压时，股价下跌的速度很快，10 日均线和 30 日均线都无法对股价形成有效支撑。这样的形态是对庄家出货信号的进一步验证。

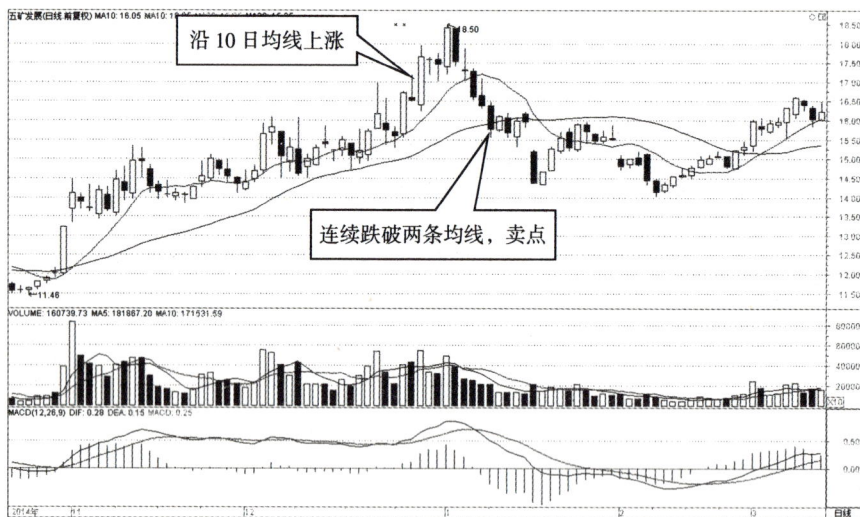

图 7-14　五矿发展日 K 线

此时投资者应该尽快卖出手中的股票。

二、通过有效的多头排列判断

在股价持续上涨过程中，均线会组成多头排列的形态。此时如果庄家要打压股价洗盘，多头排列形态会迅速被破坏，均线会组成空头排列形态。看到空头排列形态后，大量投资者会看空后市而卖出股票。

随后，当庄家再次将股价向上拉升时，均线的排列形态又会走好，重新进入多头排列的形态。看到这样的形态，又会有投资者追高买入股票。至此，庄家就可以借助这样的形态变化完成股票在投资者间的换手，抬高投资者的平均持仓成本，减轻未来拉升股价时的压力。

伟星新材日 K 线如图 7-15 所示。

如图 7-15 所示，2014 年 12 月至 2015 年 1 月，伟星新材 （002372） 股价持续上涨过程中，其 5 日均线、10 日均线和 30 日均线组成多头排列形态并持续向上发散。

2015 年 2 月，该股股价见顶下跌。三条均线间的多头排列很快被

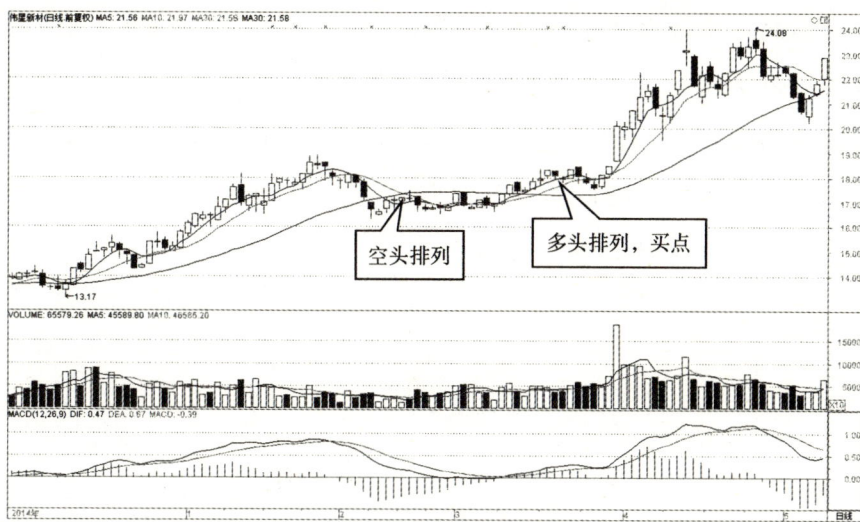

图 7-15　伟星新材日 K 线

破坏，这是庄家打压洗盘的典型信号。庄家这样做是让原本获利的投资者看空后市，卖出股票。

进入 3 月后，股价开始反弹，同时三条均线也再次走强，组成了多头排列形态并持续上涨。这样的形态说明庄家洗盘的目标已经实现，开始将股价向上拉升。此时会有投资者追高买入股票，而庄家则可以实现股票在投资者之间充分换手的目标。

在这个过程中，庄家洗盘的信号被反复验证。投资者看到这个信号，可以稳健的持有股票。如果原来手中没有股票，也可以在庄家结束洗盘，开始拉升时积极买入。

当股价上涨至高位后，庄家出货时。庄家为了诱使投资者在高位买入股票，达到出货的目的，不会让均线的多头排列形态很快被破坏。虽然股价上涨后可能遇到较强阻力，上涨速度减缓，但均线间的多头排列形态会一直保持。及时排列暂时被破坏，也只是短期均线跌破中期均线，长期均线仍然会保持较强的上涨支撑力。投资者看到这样的形态，会认为上涨行情还将继续，追高买入股票，庄家可以借机出货。

当追高买盘不足时，庄家会打压股价实现出货的目的。这时均线的多头排列会被破坏，进入空头排列的状态。而且这种空头排列一旦形成就将持续较长时间。受到庄家抛盘的持续打压，股价短期内都无法见底反弹，改变均线的空头排列状态。

万讯自控日 K 线如图 7-16 所示。

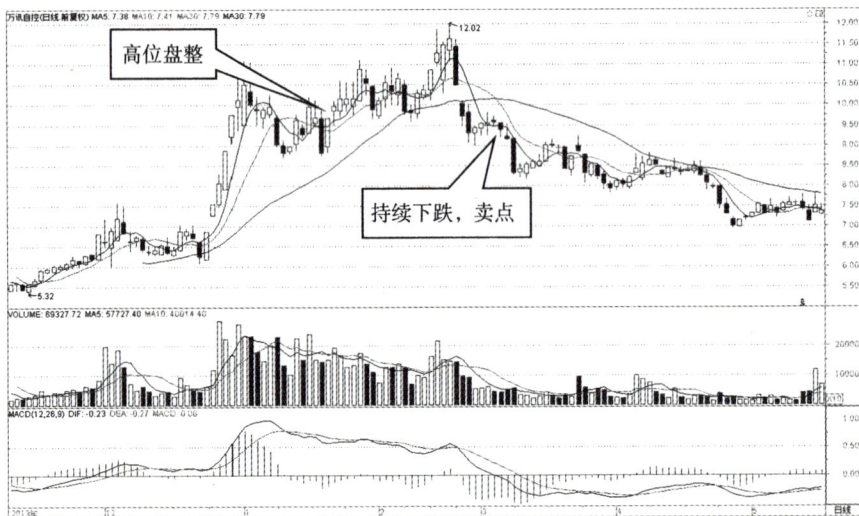

图 7-16 万讯自控日 K 线

如图 7-16 所示，2014 年 1 月，万讯自控（300112）股价上涨至高位后遇阻，上涨速度明显减慢。不过在这个过程中，其均线的多头排列并没有被迅速破坏。5 日均线和 10 日均线在高位反复纠缠，而 30 日均线则对股价形成了很强的支撑。这是庄家在高位盘整出货的典型形态。这种 30 日均线的支撑会使投资者误认为上涨行情将会继续而买入股票，而庄家则借机出货。

随后，当股价开始见顶下跌时，三条均线迅速组成了空头排列形态并持续下跌。这样的形态说明庄家在大量抛出股票出货。看到这样的形态，投资者应该尽快卖出股票。

第八章　实战图解均线的选股操作

第一节　选择首次启动的大牛股

在牛市行情的初始阶段，股票经过之前长期的下跌行情后，走势会逐渐复苏，进入上涨行情中。如果能够在行情首次启动上涨时就买入股票，可以享受到股票在未来牛市行情中的巨大涨幅。

一、选择股价突破长期阻力线的股票

当股价在熊市行情中持续下跌时，往往后受到某条均线的持续阻力。股价每次反弹至这条均线位置时就会遇到阻力下跌。在牛市行情的初始阶段，如果股价能够突破这条起到阻力作用的均线，则是上涨行情已经展开的标志。看到这样的形态，投资者可以积极买入股票。

万和电气日 K 线如图 8-1 所示。

如图 8-1 所示，2014 年 7 月之前，万和电气（002543）股价持续下跌过程中，多次反弹至 60 日均线位置都遇阻下跌。因此可以验证这条均线是股价下跌重要的阻力线。

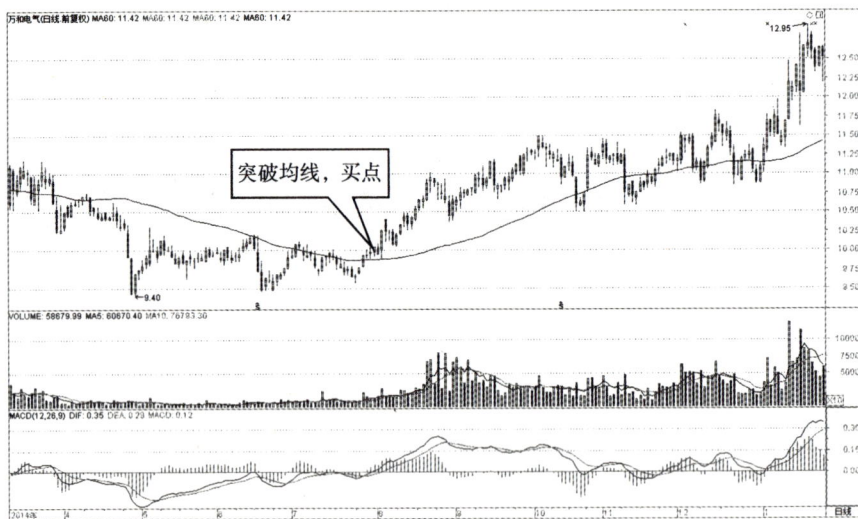

图 8-1　万和电气日 K 线

7 月 28 日，该股股价对 60 日均线形成有效突破并持续上涨。这样的形态说明之前的持续下跌行情结束，上涨行情开始。看到这样的形态，投资者可以积极买入股票。

股价对有阻力作用的均线形成有效突破后，如果在未来的行情中股价回落，在这条均线附近获得支撑继续上涨，则是对突破形态的进一步验证。说明这条均线已经由阻力线变成股价上涨的支撑线。未来股价将沿这条均线持续上涨。看到这样的形态，投资者可以积极买入股票。

万华化学日 K 线如图 8-2 所示。

如图 8-2 所示，2014 年 7 月之前，万华化学（600309）股价在熊市中一直沿 60 日均线下方持续下跌。这说明 60 日均线是股价上涨重要的阻力线。

7 月 24 日，该股股价放量上涨，突破了 60 日均线的阻力。这是该股下跌行情结束，即将进入上涨行情的标志。此时投资者可以积极买入股票。

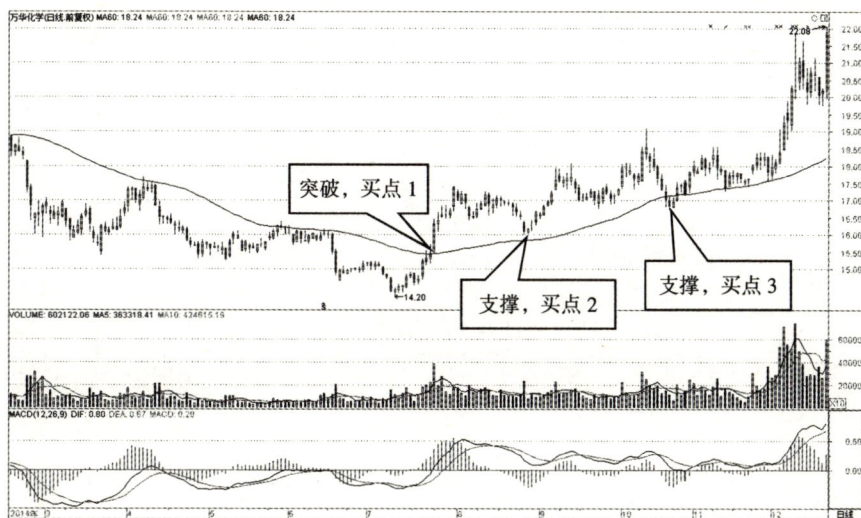

图 8-2 万华化学日 K 线

　　股价突破 60 日均线后出现了小幅回落的行情，不过在回落时股价没有跌破 60 日均线就继续向上。这样的形态说明 60 日均线已经有熊市中的阻力性变成牛市中的支撑线，是对上涨行情的进一步验证。此时，投资者可以积极买入股票。

　　随后该股多次回落至 60 日均线时都获得支撑继续上涨。这条均线的支撑作用被进一步验证。每次股价回落至 60 日均线时，都是投资者逢低买入股票的机会。

二、选择长期均线形成金叉的股票

　　在股价持续下跌的行情中，两条长期均线往往会形成空头排列并持续下跌。这是股价处于持续下跌行情中的标志。当熊市行情结束，股价见底反弹时，如果这两条长期均线在底部形成金叉，则是对上涨行情开始的进一步验证，说明股价已经进入了中长期的牛市行情中。看到这样的形态，投资者可以积极买入股票。

　　万科 A 日 K 线如图 8-3 所示。

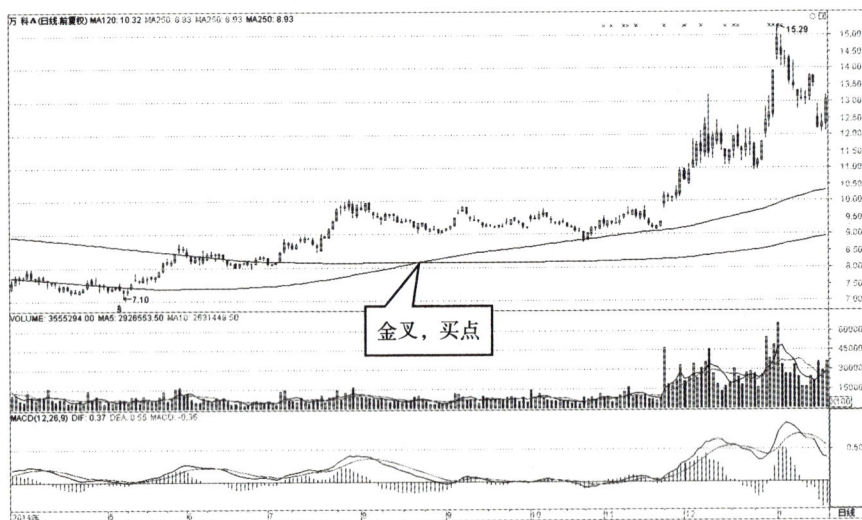

图8-3 万科A日K线

如图8-3所示，2014年8月之前，万科A（000002）的120日均线长期位于其250日均线下方，两者形成空头排列形态。这说明该股处于持续的熊市下跌行情中。

8月22日，当该股120日均线突破250日均线形成金叉时，说明持续的下跌行情结束，股价已经进入上涨行情中，并且未来在较长时间内将会持续上涨。看到这样的形态，投资者可以积极买入股票并长期持有。

两条长期均线间的金叉形成后，如果两条均线能够形成基本水平的上涨趋势，则说明该股已经进入了健康的上涨轨道中。在这样的行情中，投资者可以积极追高买入股票。

铜峰电子日K线如图8-4所示。

如图8-4所示，2014年3月，铜峰电子（600237）的120日均线突破250日均线形成金叉。这是该股进入长期上涨趋势的标志。此时投资者可以积极买入股票。

随后，该股的120日均线和250日均线几乎平行上涨。这说明股

图 8-4　铜峰电子日 K 线

价已经进入了良性上涨周期，未来将会持续上涨。看到这样的形态，投资者可以积极加仓买入股票。

第二节　选择二次启动的大牛股

股价经过持续上涨一段时间后可能会形成回调整理的行情。当股价回调整理结束时，如果能够再次启动上涨，就是投资者买入股票的信号。借助均线指标的以下形态，投资者可以找出股票在持续上涨行情中二次启动的实际。

一、选择股价调整到长期支撑线的股票

当股价经过持续上涨后回落时，即使回落的幅度较深，往往也不会跌破一些中长期的均线。这些均线代表股价长期上涨的趋势线。如

果被跌破，投资者信心会受到极大打击，未来股价很难继续上涨。而股价在这些均线位置获得支撑，则显示上涨行情还在继续。这样会给投资者信心，继续追高买入股票，未来股票也就会继续强势上涨行情。

因此，看到股价在上涨过程中回落，当回落至某条中长期均线获得支撑时，投资者就可以积极买入股票。

史丹利日 K 线如图 8-5 所示。

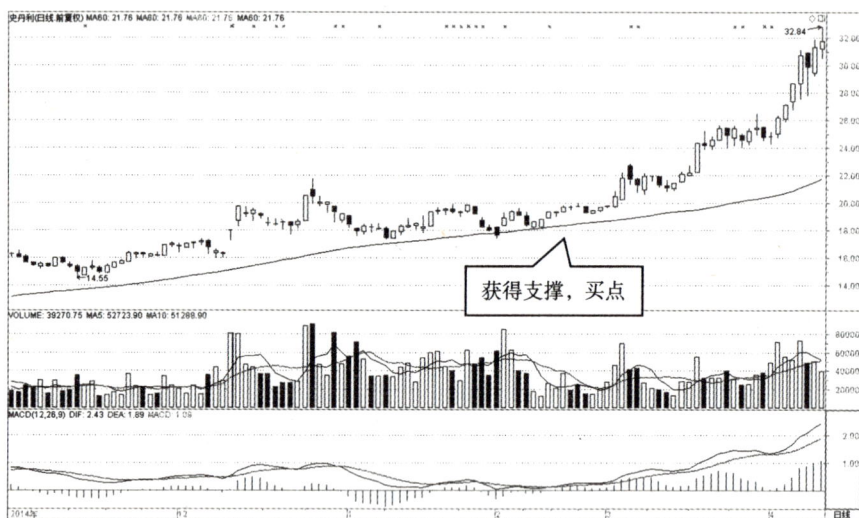

图 8-5　史丹利日 K 线

如图 8-5 所示，2015 年 1 月，史丹利（002588）股价在上涨中途持续回落。当股价回落至 60 日均线时，获得了较强的支撑，继续上涨行情。这样的形态说明此次回落只是股价在上涨中途的正常调整。结束调整后，未来股价仍将会持续上涨。看到这样的形态后，投资者可以积极买入股票。

当股价获得中长期均线的支撑时，可能会小幅跌破均线。不过只要这次跌破的幅度不深且跌破持续的时间不长，就说明这条均线的支撑作用有效。投资就可以积极买入股票。

万业企业日 K 线如图 8-6 所示。

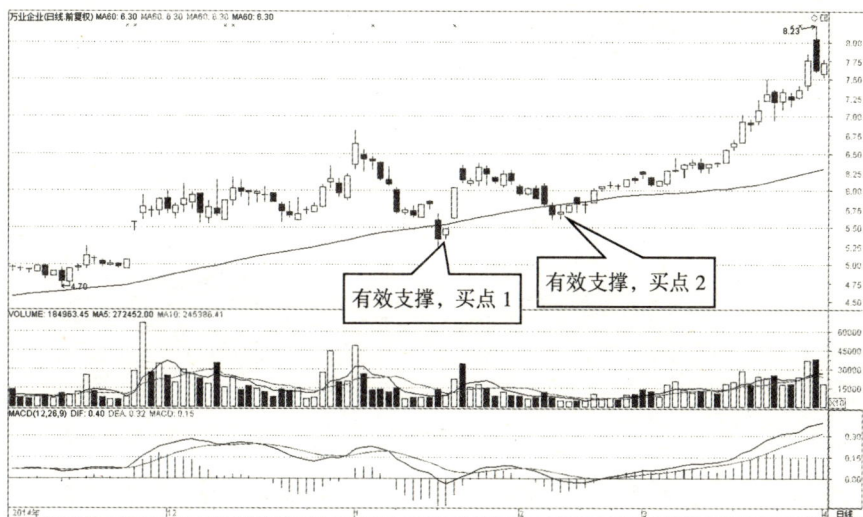

图 8-6　万业企业日 K 线

如图 8-6 所示，2015 年 1 月和 2 月，万业企业（600641）股价连续两次回落至 60 日均线时，都短暂跌破均线。不过每一次跌破均线的幅度都不深且股价很快就会重新回到均线上方。这样的形态说明 60 日均线对股价的支撑作用有效。每次股价下跌获得支撑时，都是调整行情结束，未来将会继续上涨的信号。此时投资者可以积极买入股票。

二、选择均线形成高位金山谷的股票

在股价的持续上涨行情中，短期、中期、长期三条均线指标可能会形成持续的多头排列形态并向上发散。当股价见顶下跌时，则多头排列会被破坏。如果下跌幅度较大或者下跌速度较快，均线还会形成空头排列形态。

随着下跌行情结束，股价继续上涨，如果短期均线连续突破中期均线和长期均线，中期均线也突破了长期均线，三条均线在上涨中途形成金山谷形态，则是未来上涨行情仍将继续的信号。看到这样的信号，投资者可以积极买入股票。

时代新材日 K 线如图 8-7 所示。

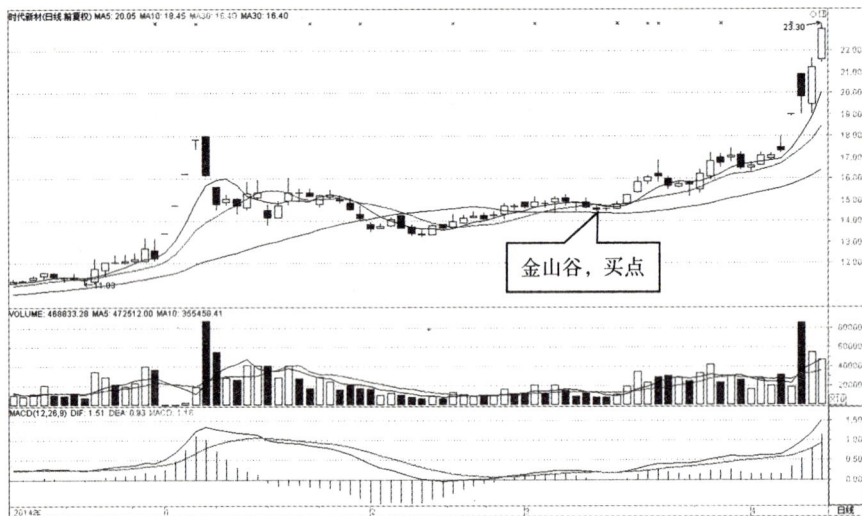

图 8-7　时代新材日 K 线

如图 8-7 所示，2015 年 1 月至 2 月，时代新材（600458）股价见顶下跌。当股价下跌至底部后，因为下跌持续时间较长，其 5 日均线、10 日均线和 30 日均线形成了空头排列的形态。

此后不久，股价开始见底反弹。反弹过程中，5 日均线连续突破10 日均线和 30 日均线，10 日均线也突破了 30 日均线，三条均线组成上涨中途的金山谷。这样的形态说明股价已经结束调整，继续上涨行情。看到这样的形态时，投资者可以积极买入股票。

部分股票因为上涨遇到的阻力较大，在上涨过程中每调整一段时间就会回调整理。随后继续上涨时形成金山谷形态。这样在股价上涨过程中就会形成多个回调后的金山谷形态。每个金山谷形成时，都是未来股价会持续上涨的信号，也是投资者追高买入股票的机会。

渝三峡 A 日 K 线如图 8-8 所示。

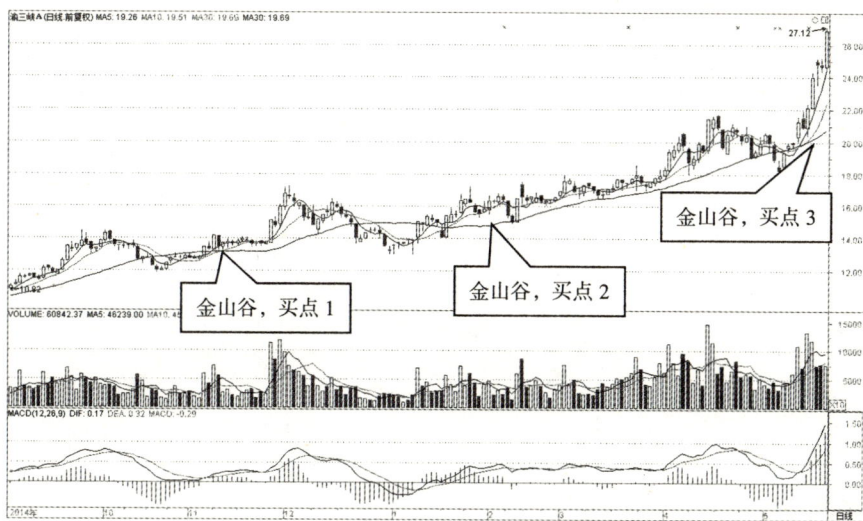

图8-8　渝三峡A日K线

如图8-8所示，2014年10月至2015年5月，渝三峡A（000565）股价在持续上涨的过程中，多次回调整理。每次回调整理结束时，都形成一个金山谷形态。这样连续的金山谷形态是未来该股股价会持续上涨的标志。每次看到这样的形态时，都说明暂时的调整行情已经结束，投资者可以积极追高买入股票。

三、选择均线形成放量金叉的股票

当股价在上涨过程中见顶回落时，中期均线的形态也会走弱，形成死叉的形态。一旦股价见底反弹时，中期均线重新走强并形成金叉，同时成交量也大幅放大，就说明之前的调整行情已经结束，投资者重新对后市抱有信心，大量投资者开始买入股票，未来股价将会在大量买盘的支撑下继续之前持续上涨的行情。看到这样的形态，投资者可以积极追高买入股票。

金陵药业日K线如图8-9所示。

图 8-9　金陵药业日 K 线

如图 8-9 所示，2014 年 12 月底，金陵药业（000919）股价见顶回调，同时其 20 日均线和 60 日均线的形态也走弱，两者之间形成了死叉。

2015 年 2 月以后，该股股价见底回调。3 月 11 日，随着股价反弹，该股的 20 日均线也突破 60 日均线形成金叉形态，同时该股的成交量大幅放大。这样的形态说明投资者重新对后市行情抱有信心，开始买入股票，未来股价将在买盘力量的推升下持续上涨。看到这样的形态，投资者可以积极买入股票。

如果在调整的过程中，两条均线反复纠缠在一起，不断形成金叉或者死叉的形态，则说明此时市场上的买卖双方都十分犹豫，未来行情不明确。这样的情况下，无论是金叉还是死叉都失去了看涨看跌意义，投资者应该冷静观望后市。

在随后的行情中，如果某次金叉完成后短期均线能够在长期均线上方并持续上涨，两条均线之间的距离逐渐拉大，同时成交量也持续放大，就说明行情开始明朗起来。市场上有多方力量进入，开始将股

价向上拉升。之前犹豫的投资者也开始逐渐看好后市，不断追高买入。这样的形态预示着未来股价将进入持续的上涨行情，并且上涨的速度会越来越快。看到这样的形态后，投资者可以积极追高买入股票。

赤峰黄金日 K 线如图 8-10 所示。

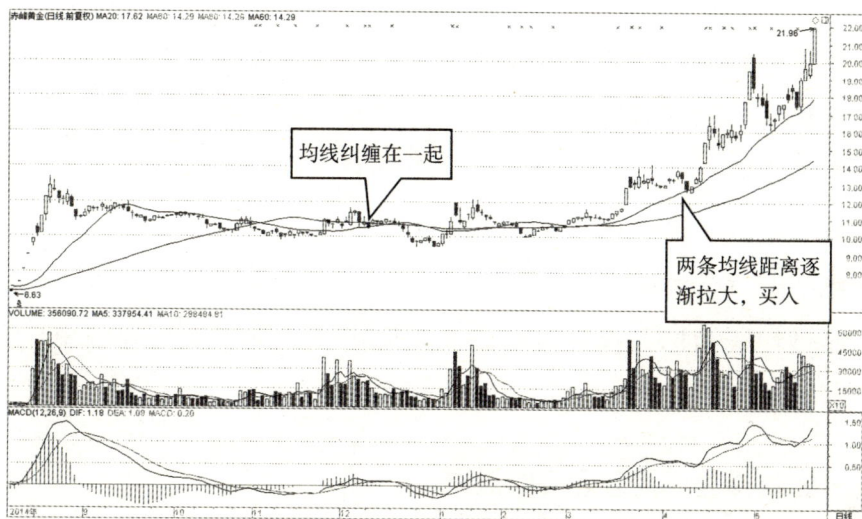

图 8-10　赤峰黄金日 K 线

如图 8-10 所示，2014 年 10 月至 2015 年 3 月，赤峰黄金（600988）股价见顶回落过程中，其 20 日均线和 60 日均线反复纠缠在一起，不断形成金叉和死叉形态。这样的形态说明市场上的多空双方陷入纠结。此时的金叉和死叉都没有参考意义。

直到 2015 年 4 月，随着股价上涨，该股的 20 日均线向上突破 60 日均线后也持续上涨，两条均线间的距离逐渐被拉大，同时成交量也持续放大。这样的形态标志着大量投资者开始看好后市，上涨行情开始。看到这样的形态后，投资者可以积极买入股票。

第三节　选择存在独立行情的大牛股

在市场整体上涨的牛市行情中，如果投资者将股票的走势与大盘走势对比后，发现股票走势明显强于大盘，就说明该股是整个大盘牛市中的大牛股。买入这些股票后，投资者可以获得超过大盘整体涨幅的收益。而且未来牛市行情结束，市场整体下跌时，这些股票的下跌往往也会滞后于大盘，且跌势较弱。

通过均线指标，投资者可以使用以下几种分析方法来找出比大盘更加强势的大牛股。

一、选择先于大盘金叉的股票

当大盘经过持续的底部整理行情后，或者经过上涨中途的小幅回调时，如果开始上涨，其均线指标往往会形成金叉形态。此时投资者可以将这个金叉形成的时间记下。

当观察个股的走势图时，如果发现个股在类似的时间段内，与大盘形成了类似的走势，不过形成金叉的时间要比大盘更早。就说明这只股票先于大盘上涨，即先于市场上大多数股票上涨。此时该股就是这轮上涨行情中领涨的股票，会受到市场上投资者的广泛关注。未来会不断有投资者追高买入该股，推动其股价持续上涨。使这只股票成为未来牛市行情中整个市场的领涨股。

因此，当看到有先于大盘形成金叉的股票时，投资者可以积极买入。

上证指数日 K 线如图 8-11 所示。

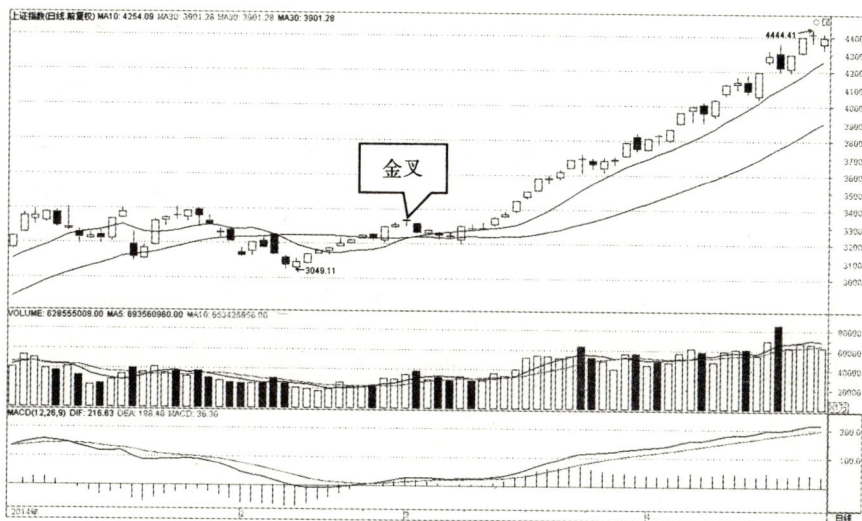

图 8-11　上证指数日 K 线

如图 8-11 所示，2014 年年底开始，上证指数见顶回落，回落至底部时，10 日均线跌破 30 日均线形成了死叉。这个死叉形态说明此时市场上大多数股票都上涨遇阻，进入调整行情。

2015 年 3 月 3 日，10 日均线突破其 30 日均线形成了金叉形态。这个形态说明此时市场整体见底反弹，再次进入上涨行情中。

荣丰控股日 K 线如图 8-12 所示。

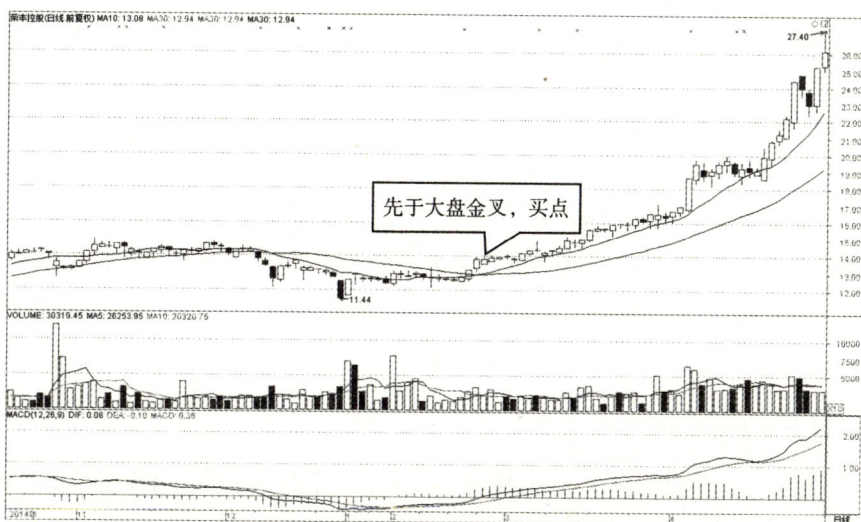

图 8-12　荣丰控股日 K 线

如图 8-12 所示，2014 年底，荣丰控股（000668）股价随大盘一起遇到巨大阻力，见顶回落。回落一段时间后，股价开始见底反弹。从时间上看，该股见底的时间里要比大盘更早。2015 年 2 月 25 日，该股的 10 日均线就突破 30 日均线形成了金叉，标志着回调结束，上涨行情开始。

荣丰控股早于上证指数一周见底。这说明该股的上涨已经领先于市场上的大多数股票，上涨行情的强势股。看到这样的股票，投资者可以积极买入。

理工监测日 K 线如图 8-13 所示。

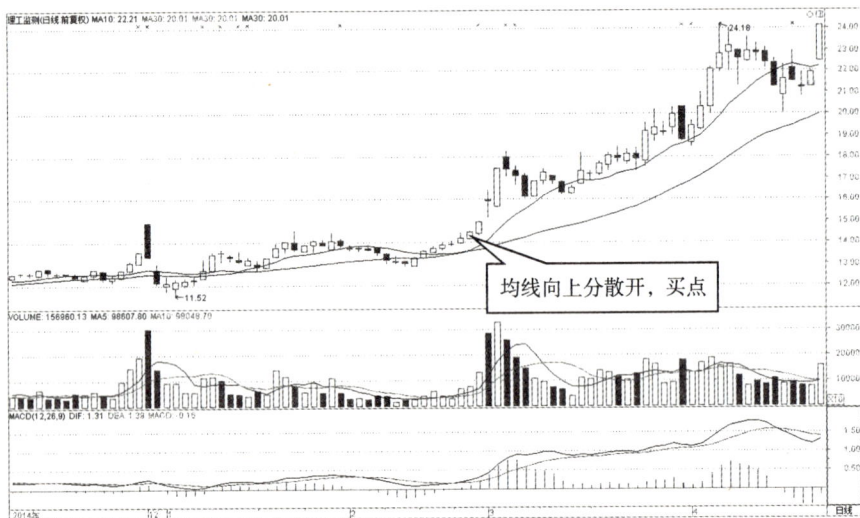

图 8-13　理工监测日 K 线

如图 8-13 所示，从走势图中可以看出，在相同的时间段内，理工监测（002322）的股价走势更加强势。该股在大盘回落时并没有随大盘一起回落，10 日均线也没有跌破 30 日均线形成死叉，而是多次下跌至 30 日均线附近时都获得了较强的支撑。

2 月底，该股的 10 日均线在 30 日均线上方持续向上，两条均线向上分散开，确立了上涨行情。这样的形态说明该股走势要强于整个

大盘，即强于市场上的多数股票，有望成为未来牛市行情中的领涨股。看到这样的股票时，投资者可以积极买入股。

二、选择先于大盘突破阻力的股票

当大盘在持续下跌行情中时，可能会遭遇到某条均线的持续压力，每次反弹至这条均线位置都遇阻下跌。这样的形态说明此时整个大盘都处于弱势下跌行情中。当上涨行情开始时，大盘会突破这条下跌阻力线，进入上涨行情中。

如果在大盘持续下跌的过程中，某只股票的股价在同样一条阻力线位置持续遇阻下跌，而在见底反弹时，股价能够线与大盘突破这条阻力线的阻力。就说明该股的走势强于整个大盘，先于大盘进入了上涨行情，未来在整个上涨行情中的表现都会比大盘更强。看到这样的股票后，投资者可以积极买入。

上证指数日 K 线如图 8-14 所示。

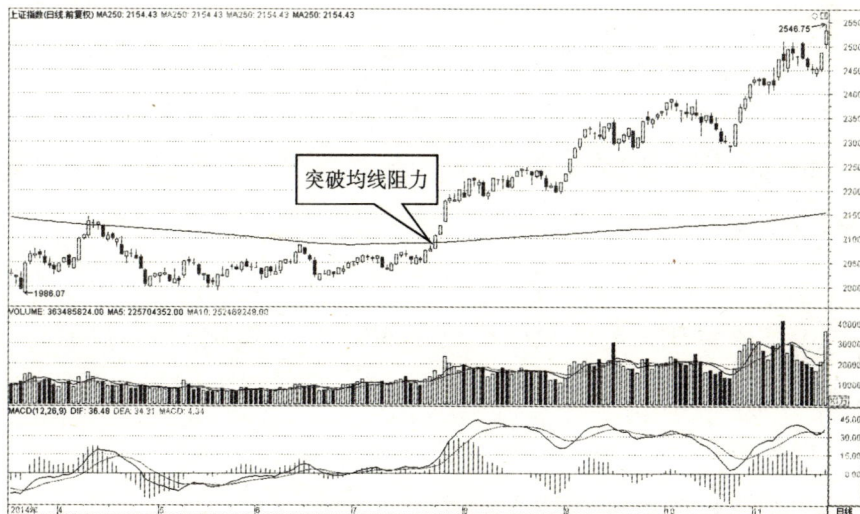

图 8-14　上证指数日 K 线

如图 8-14 所示，在 2014 年 7 月之前的持续下跌行情中，上证指数上涨一直受到 250 日均线的阻力作用。指数每次上涨至这条均线附近都遇到阻力下跌。随后在 7 月 24 日，指数大幅上涨，突破了 250 日均线的阻力作用。这是整个市场都进入上涨行情的标志。

皖维高新日 K 线如图 8-15 所示。

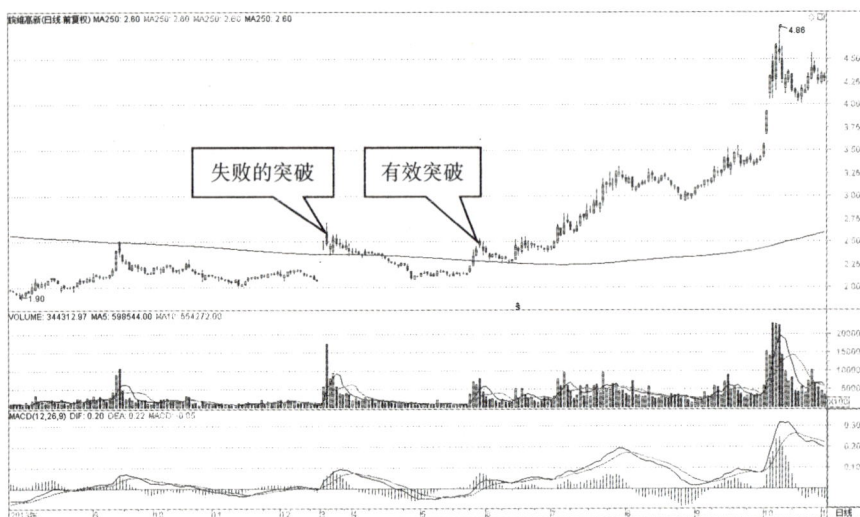

图 8-15　皖维高新日 K 线

如图 8-15 所示，皖维高新（600063）股价持续下跌过程中，与大盘一样，同样受到了 250 日均线的持续阻力。2014 年 3 月，该股就尝试对这条均线进行突破。虽然这次突破最终失败，不过从中投资者可以看到该股的表现要强于大盘。

5 月 27 日，该股股价经过强势上涨后对 250 日均线形成了有效突破。这个突破要比大盘的突破提前近两个月。这样的形态说明该股的走势强于整个大盘，是整个大盘上涨的领涨股票。对于这种股票，投资者可以积极买入。

紫江企业日 K 线如图 8-16 所示。

如图 8-16 所示，2014 年 6 月之前，紫江企业（600210）的走势与大盘有一定的不同。该股下跌时遇到了 120 日均线的持续阻力。随

后在 7 月 3 日，该股股价成功突破下跌过程中的阻力线，比大盘的突破提前 3 周。这样的形态同样可以说明该股的走势要强于大盘，有望成为未来牛市中的领涨股。看到这样的股票，投资者可以积极买入。

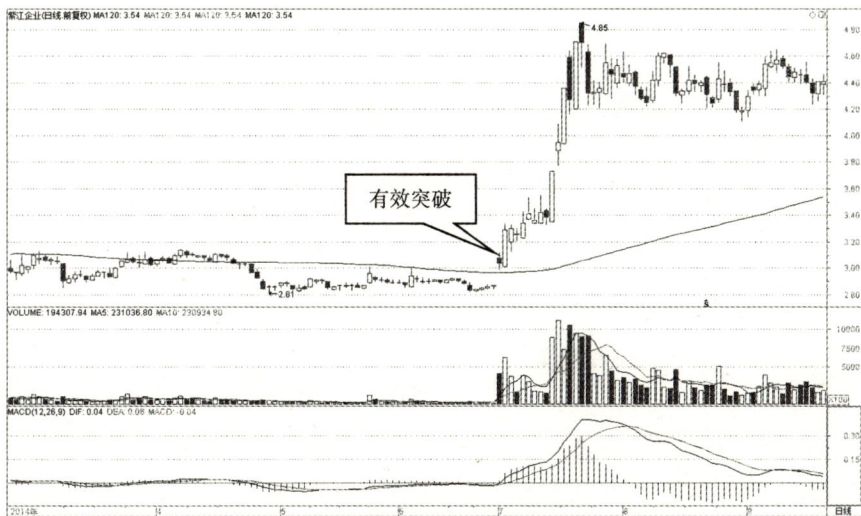

图 8-16 紫江企业日 K 线

第九章 实战图解均线与买卖操作

第一节 股价突破均线的分笔交易策略

当股价突破均线时，投资者可以确认上涨行情开始，并买入股票。随后只要股价在均线上方持续上涨，就说明上涨行情还在继续，投资者也就可以一直持有股票。最终，当股票跌破均线时，说明持续的上涨行情已经结束，此时投资者应该将手中的股票卖出。

在这样买入到卖出的过程中，投资者最好能选择分笔交易策略，并设置止损位。这样可以让投资者交易的风险最小化。

一、股价突破均线的分笔买入

当股价突破均线，买入股票时，为了最大限度地规避风险，投资者可以将自己的资金分成几个部分分批投入。如果某次投入后发现行情没有按照预期发展，就可以不再投入后续资金，并将前期投资入的资金尽快抛出，避免让全部资金都暴露在风险之下。

当股价突破均线时，买入时机出现，此时投资者可以将仓位分成几次买入。

第 1 个买点：当股价对均线形成突破时，可以先少量买入股票，建立一部分仓位。

第 2 个买点：如果股价突破的幅度超过 3% 且连续三日没有回落，投资者就可以确认这次突破有效，进而追加投入一部分仓位。

第 3 个买点：如果股价回落时在均线附近获得了支撑，就是对突破形态的进一步验证，此时投资者可以继续追加买入股票。

第 4 个买点：当股价向上偏离均线，开始持续上涨时，则是对上涨行情的最终确认。此时投资者可以将手中剩余的资金全部投入。

实战中，第 3 个买点并不一定会出现。投资者可以预备一定的资金等待这个买点。如果这个买点不出现，就在第 4 个买点出现时投入全部资金。

此外对于一些强势上涨的股票，第 4 个买点和第 2 个买点会同时出现。这时投资者可以积极加仓，将剩余资金全部投入。

鹿港科技日 K 线如图 9-1 所示。

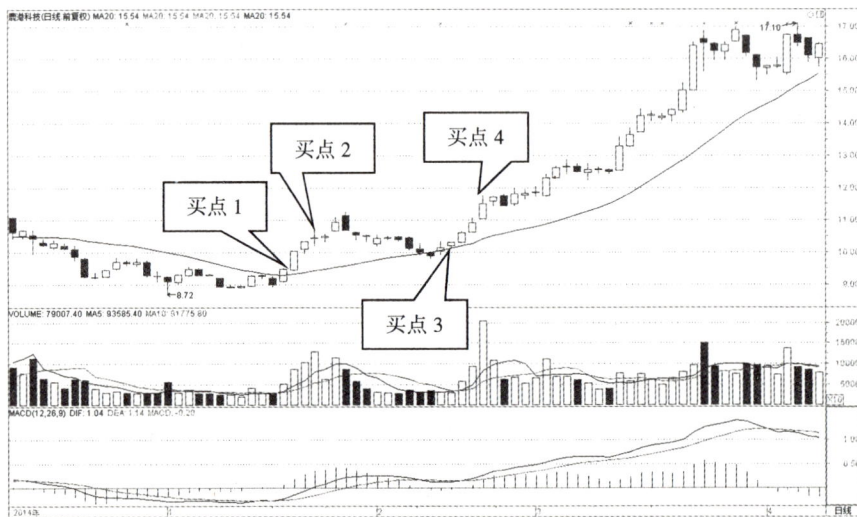

图 9-1　鹿港科技日 K 线

如图 9-1 所示，2015 年 1 月 20 日，鹿港科技（601599）的股价

突破其 20 日均线。此时投资者可以先买入部分股票，建立仓位。

三个交易日后，该股股价已经有了比较大的突破幅度。此时投资者可确定突破成功，继续加仓买入股票。

随后该股股价开始回落。2 月 10 日，股价回落至 20 日均线附近获得支撑上涨。这是对突破形态的进一步确认，此时投资者可以继续加仓买入股票。

又过了三个交易日后，该股股价已经向上偏离均线，开始持续上涨。此时上涨趋势已经完全确认。投资者可以将剩余的资金全部投入。

方大特钢日 K 线如图 9-2 所示。

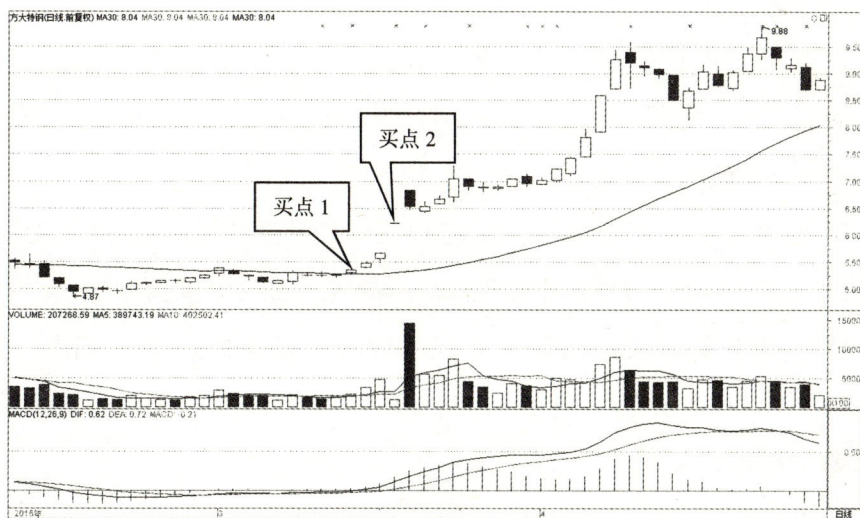

图 9-2 方大特钢日 K 线

如图 9-2 所示，2015 年 3 月 13 日，方大特钢（600507）突破其 30 日均线形成买入信号。此时投资者可以先买入部分股票，建立仓位。

三个交易日后，股价已经大幅上涨，偏离均线区间。这样的形态说明一轮强势上涨行情即将开始。此时不用继续等其他买点，投资者可以积极将剩余全部资金都买入股票，全仓持有。

二、股价跌破均线的分笔卖出

当上涨行情进行到尾端，股价跌破均线，投资者要卖出股票时，也可以选择分笔卖出的方法。这样可以将投资者踏空后市的风险降低到最小。及时对未来的行情判断失误，未来股价继续上涨时，投资者也只有一部分资金踏空，剩余还有一部分资金可以继续持有，享受股价上涨的收益。

当股价跌破均线时，投资者可以分成以下几步分批卖出股票。

第 1 个卖点：当股价跌破均线时，卖点出现，此时投资者应该先卖出部分股票。

第 2 个卖点：上个卖点出现三个交易日后，如果股价跌破均线的幅度超过 3%，则说明这是一次有效的跌破行情。此时投资者应该继续卖出手中的股票。

第 3 个卖点：如果股价反弹时在均线附近遇到阻力，则是对跌破形态的进一步确认，此时投资者应该继续抛出手中的股票。

第 4 个卖点：反弹失败后，如果股价持续下跌，向下偏离均线，就说明下跌行情已经完全展开。这样的情况下投资者应该将手中剩余的股票全部抛出。

以上卖点中，第 3 个卖点并不一定会出现。无论这个卖点是否出现，投资者都应该在第 4 个卖点出现时将股票全部卖出。

此外对于一些强势下跌的股票，第 4 个卖点和第 2 个卖点会同时出现。这时投资者应该尽快抛出手中全部的股票。

济川药业日 K 线如图 9-3 所示。

如图 9-3 所示，2014 年 10 月 22 日，济川药业（600566）的股价跌破其 20 日均线。这样的形态说明该股有进入下跌行情的趋势。此时投资者应该先卖出部分股票。

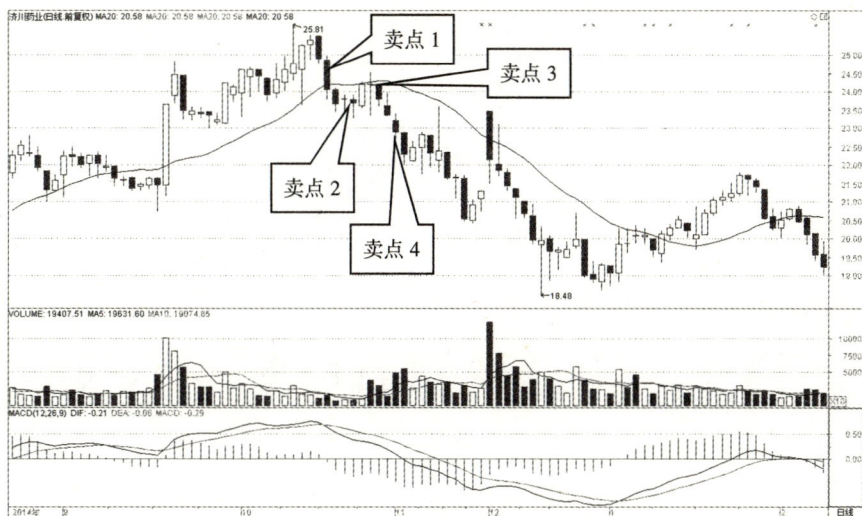

图 9-3 济川药业日 K 线

三个交易日后，股价跌破均线的幅度已经很深，说明这是一次有效的跌破。此时投资者应该继续抛出股票。

10 月 29 日，股价反弹到 20 日均线附近时无法形成有效突破。这是对跌破形态的进一步确认。此时投资者应该继续抛出手中的股票。

又过了几个交易日后，该股股价持续下跌，已经向下偏离 20 日均线。此时下跌趋势已经可以完全确认。这样的情况下，投资者应该尽快将手中的剩余的股票全部抛出。

中银绒业日 K 线如图 9-4 所示。

如图 9-4 所示，2014 年 3 月 28 日，中银绒业（000982）股价见顶下跌时跌破其 30 日均线这样的形态说明行情有开始下跌的趋势。此时投资者可以先卖出部分股票。

三个交易日后，该股股价已经跌破 30 日均线超过 3%。这说明此次跌破形态有效。投资者应该继续抛出股票。

随后该股持续下跌，远离 30 日均线，而且完全没有要反弹的迹象。看到这样的形态后，投资者应该尽快将手中剩余的股票全部抛出。

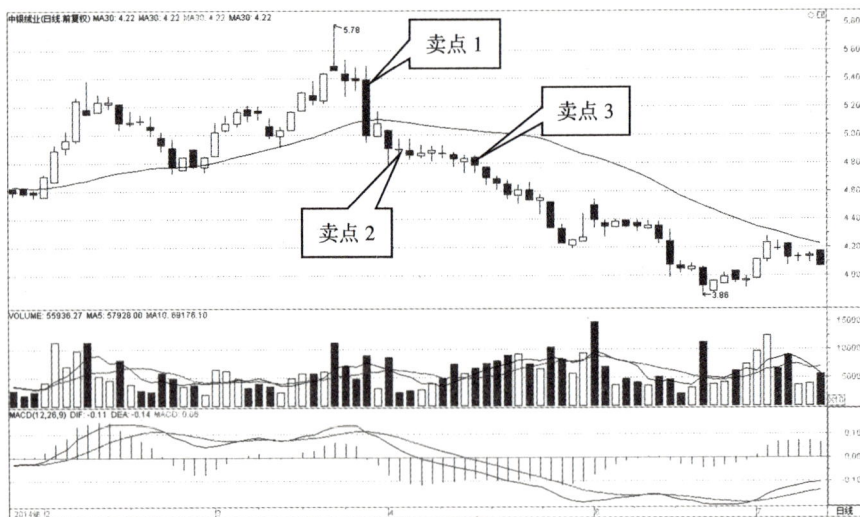

图9-4 中银绒业日K线

第二节 均线金叉、死叉的分笔交易策略

当短期均线突破长期均线时，投资者同样可以根据均线的形态进行分笔买入操作。根据这个信号买入股票后，投资者可以等以后短期均线跌破长期均线形成死叉时将手中的股票卖出。卖出时同样可以使用分笔卖出策略。

在买入到卖出的过程中，如果行情出现盘整，均线纠缠在一起，投资者还应该适量减仓，等行情开始继续上涨时再将抛出的股票买回。

一、均线金叉的分笔买入

当均线指标形成金叉时，说明上涨行情开始。此时，投资者可以采取分笔建仓的策略，根据对上涨行情的不断确认，逐渐加仓买入股票。最终上涨行情完全确认时完成建仓。在上涨过程中买入股票可以

分为以下几步。

第 1 个买点：当短期均线突破长期均线形成金叉时，说明未来股价有持续上涨的趋势，此时投资者可以买入股票。

第 2 个买点：金叉形成后，如果短期均线向长期均线回调，并且在长期均线附近获得支撑继续向上，则是对金叉形态的确认，此时投资者可以积极加仓买入股票。

第 3 个买点：金叉形态得到确认后，如果短期均线在长期均线上方持续上涨，并且两条均线间的距离越来越长，形成向上发散的形态。则是对上涨行情的最终确认，说明上涨行情正在稳步推进。此时投资者可以将剩余的资金全部投入。

在以上几个买点中，第 2 个买点并不一定会出现。第 1 个买点完成后，投资者可以保留一定的资金。如果第 2 个买点没有出现直接出现了第 3 个买点，就可以将剩余的资金全部投入。

世纪瑞尔日 K 线如图 9-5 所示。

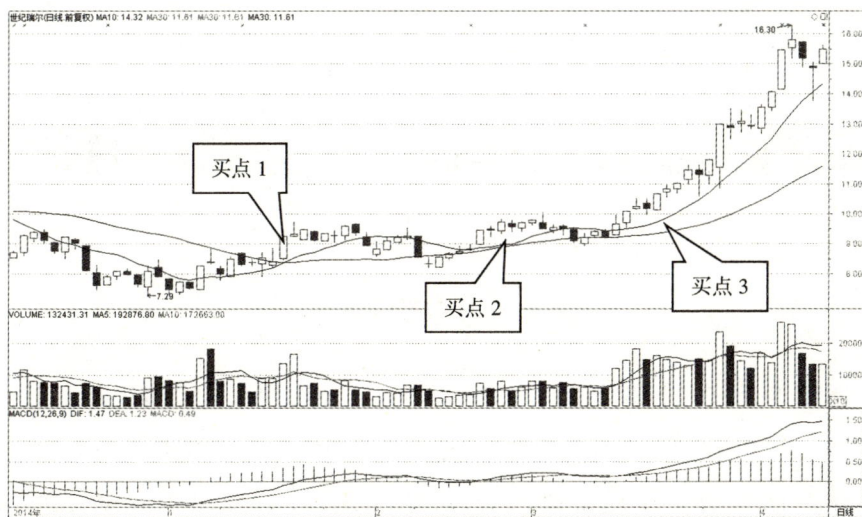

图 9-5　世纪瑞尔日 K 线

如图 9-5 所示，2015 年 1 月 21 日，世纪瑞尔（300150）的 10 日

均线突破 30 日均线形成金叉。这个形态说明该股进入上涨行情中。看到这个形态，投资者可以先适当买入股票建仓。

2 月底，当股价回落时，其 10 日均线也回落至 30 日均线附近。随后 10 日均线在 30 日均线上获得支撑上涨。这样的形态是对金叉的进一步确认。此时投资者可以加仓买入股票。

3 月下旬，该股股价开始持续上涨，同时 10 日均线位于 30 日均线上方，两者之间的距离逐渐拉大。这样的形态是对上涨趋势的最终确认。看到这样的形态后，投资者可以将剩余的资金全部投入，完成建仓。

建新股份日 K 线如图 9-6 所示。

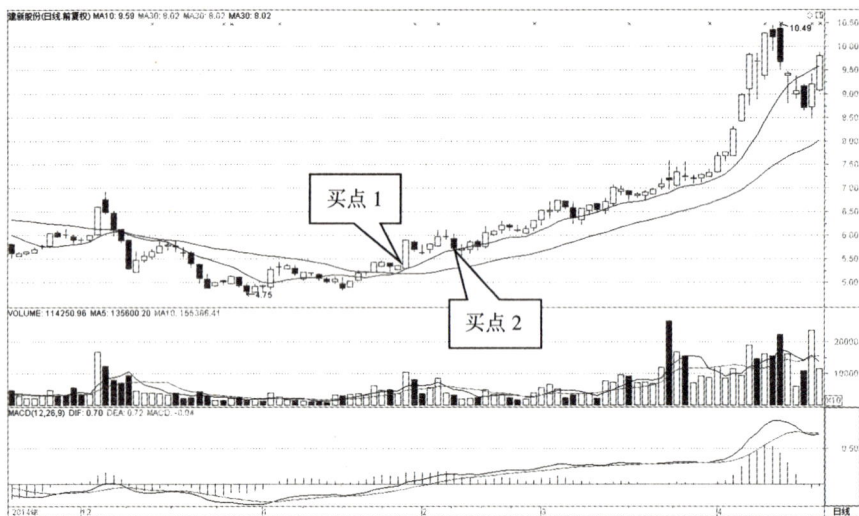

图 9-6　建新股份日 K 线

如图 9-6 所示，2015 年 1 月 28 日，建新股份（300107）10 日均线突破 30 日均线形成金叉形态。此时投资者可以适当买入股票建仓。

随后该股股价快速上涨，10 日均线和 30 日均线之间的距离也被迅速拉大。这样的形态说明该股已经进入了持续的上涨行情中。看到这样的形态，投资者可以积极用剩余资金全部买入股票，完成建仓。

二、均线金叉的减仓与加仓

在上涨过程中，股价可能会有小幅回调的行情。当回调时，两条均线会逐渐纠缠起来。一旦看到这样的形态，就说明股价上涨遇到了较强的阻力，此时投资者应该先卖出部分股票，降低仓位规避风险。

随后的行情中，如果短期均线能够在长期均线上方，并且两条均线持续向上发散，就说明股价结束调整，上涨行情还将继续。此时投资者可以将原本卖出的股票买回，继续重仓持有。

机器人日 K 线如图 9-7 所示。

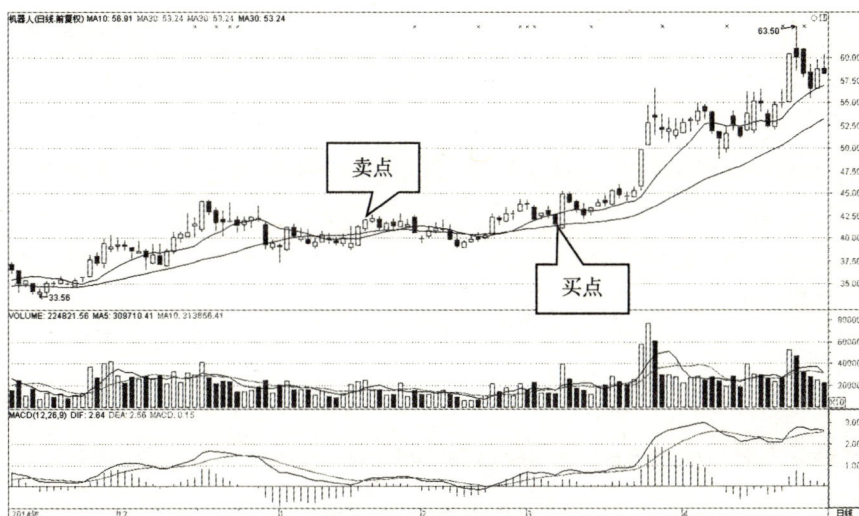

图 9-7　机器人日 K 线

如图 9-7 所示，2015 年 1 月开始，机器人（300024）的 10 日均线和 30 日均线在高位反复纠缠，不断形成金叉和死叉的形态。这样的形态说明股价上涨遇到了较大阻力。看到这样的形态后，投资者应该将手中的股票卖出一部分，轻仓观望。

3 月初，股价开始上涨。10 日均线突破 30 日均线后，两条均线也开始向上发散。这样的形态说明该股再次进入了上涨行情中。此时投资者可以将卖出的股票买回，继续重仓持有股票。

经过持续纠缠的整理行情后，如果 10 日均线最终跌破 30 日均线，并且两条均线向下发散，则说明股价无法突破阻力，进入了下跌行情。看到这样的形态，投资者应该尽快将手中剩余的股票全部抛出。

江海股份日 K 线如图 9-8 所示。

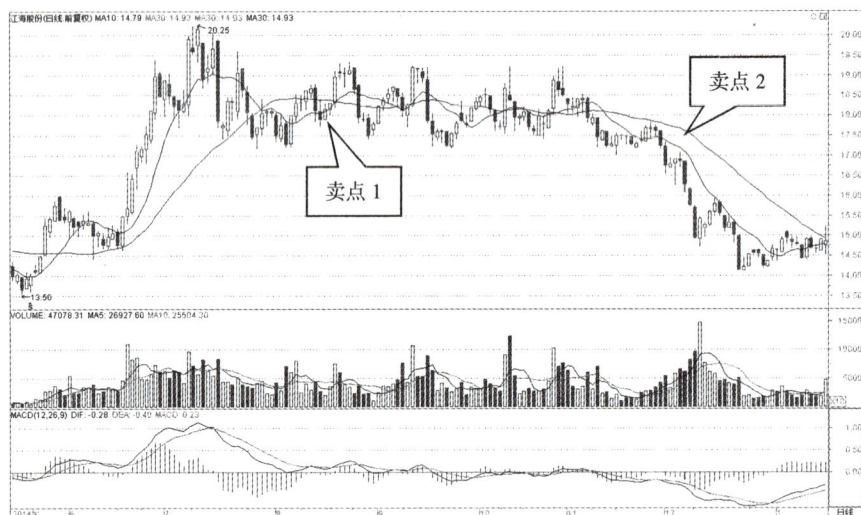

图 9-8　江海股份日 K 线

如图 9-8 所示，2014 年 8 月起，江海股份（002484）股价上涨一段时间后，其 10 日均线和 30 日均线反复纠缠在一起。这说明股价上涨遇到了较强阻力。看到这样的形态，投资者应该线卖出部分股票，轻仓继续观望。

12 月初，随着股价下跌，10 日均线跌破 30 日均线后，两条均线开始逐渐向下发散。这是股价上涨遇阻，开始下跌行情的信号。看到这样的信号，投资者应该尽快卖出手中剩余的股票。

三、均线死叉的分笔卖出

当按照均线的金叉形态买入后，投资者应该等到未来股价形成死

叉形态时再卖出股票。在卖出股票时，投资者同样可以根据对死叉形态有效性的逐步确认，逐步抛出手中的股票。具体的卖出可以分为以下几步。

第 1 个卖点：当短期均线跌破长期均线形成死叉时，说明未来股价有见顶下跌的趋势，此时投资者应该先卖出部分股票。

第 2 个卖点：死叉形成后，如果短期均线向长期均线回调，并且在长期均线附近遇到阻力继续下跌，则是对死叉形态的确认，此时投资者应该继续抛出手中的股票。

第 3 个卖点：死叉形态得到确认后，如果短期均线在长期均线下方持续下跌，并且两条均线间的距离越来越长，形成向下发散的形态。则是对下跌行情的最终确认，说明下跌行情已经全面展开。此时投资者应该将手中的剩余的股票全部卖出。

在以上几个卖点中，第 2 个卖点并不一定会出现。第 1 个卖点完成后，可能直接出现第 3 个卖点。此时投资者应该坚持谨慎的原则，将手中的剩余的股票全部卖出。

拓尔思日 K 线如图 9-9 所示。

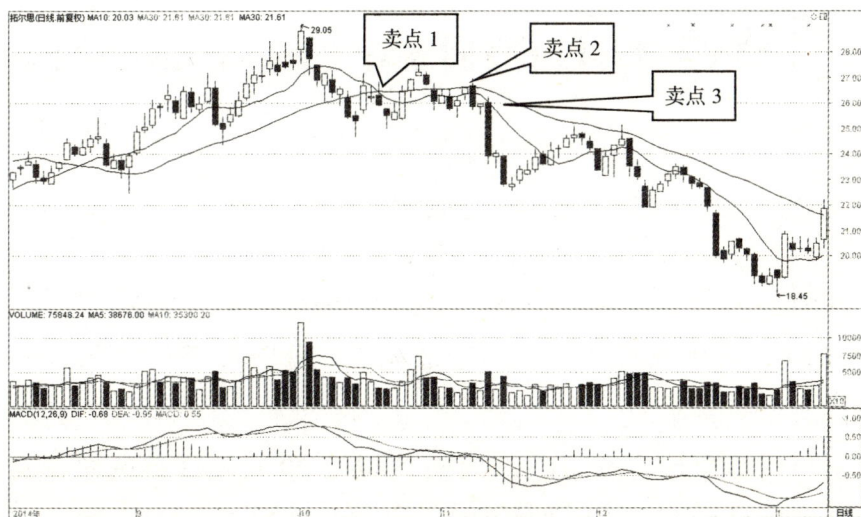

图 9-9　拓尔思日 K 线

如图 9-9 所示，2014 年 10 月 22 日，拓尔思（300229）的 10 日均线跌破其 30 日均线形成死叉。这样的形态说明未来该股股价有持续下跌的趋势。此时投资者应该先卖出部分股票，轻仓观望。

随后，该股 10 日均线小幅反弹至 30 日均线时，再次遇到了阻力下跌。这样的形态是对死叉形态的进一步验证。此时投资者应该继续抛出股票。

10 日均线上涨遇阻后，开始在 30 日均线下方持续下跌。两条均线逐渐向下发散。这样的形态是对股价已经进入下跌行情中的最终确认。此时投资者应该将手中的剩余的股票全部抛出。

安妮股份日 K 线如图 9-10 所示。

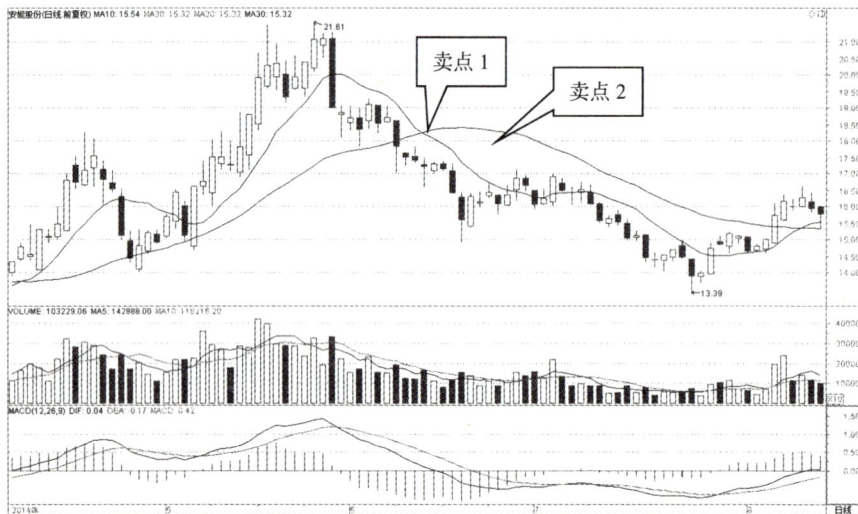

图 9-10　安妮股份日 K 线

如图 9-10 所示，2014 年 6 月 13 日，安妮股份（002235）股价下跌时，10 日均线跌破 30 日均线形成死叉。此时投资者应该先将手中的股票卖出一部分。

随后该股股价持续下跌，10 日均线与 20 日均线持续向下发散。这样的形态说明下跌行情非常强势。看到这样的信号，投资者应该将

手中的剩余的股票全部卖出。

第三节　均线多头、空头排列的分笔交易策略

当均线形成多头排列时，投资者可以根据多头排列的形态特点进行分笔买入操作。随后，如果多头排列被破坏，投资者应该减仓。当股价上涨至尾端，空头排列形成时，投资者可以根据具体形态进行分笔卖出操作。

一、均线多头排列的分笔买入

当均线形成多头排列，从形态最初形成到最终确认的过程中，投资者可以将仓位分成多笔买入股票。通过这样操作，即使形态失败，投资者也不会全部仓位都遭受损失。部分损失的仓位可以及时卖出，规避风险。

根据多头排列形态的特点，投资者可以确认以下几个具体的买点。

第 1 个买点：当短期均线连续突破中期均线和长期均线形成金叉时，说明均线有组成多头排列的趋势。这样的情况下，投资者可以先试探性的买入股票。

第 2 个买点：当中期均线也突破长期均线形成金叉时，标志着上涨行情最终完成，此时投资者可以继续加仓买入股。

第 3 个买点：三个金叉都形成后，如果三条均线组成多头排列形态并持续向上发散，则说明上涨趋势已经完全展开。这样的情况下，投资者可以积极将剩余的资金全部投入，全仓持股待涨。

汉鼎股份日 K 线如图 9-11 所示。

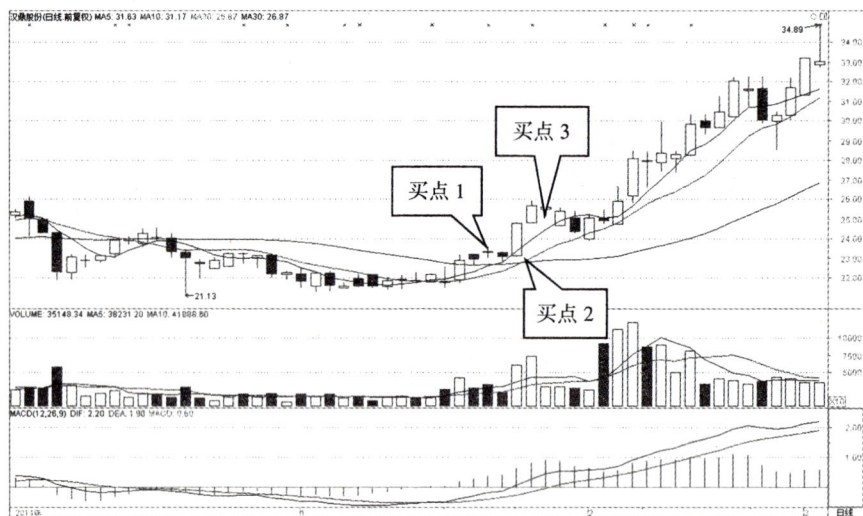

图 9-11　汉鼎股份日 K 线

如图 9-11 所示，2015 年 1 月，汉鼎股份（300300）的 5 日均线连续突破 10 日均线和 30 日均线，形成两个金叉。此时该股的均线已经具备了形成多头排列的雏形。这样的情况下，投资者可以积极买入股票建仓。

两个交易日后，该股的 10 日均线也突破了 30 日均线，此时三条均线已经组成了多头排列形态。此时投资者可以积极加仓买入股票。

随后，这三条均线保持多头排列形态并持续向上发散。这样的形态说明上涨趋势已经完全确认。看到这个形态，投资者可以将剩余资金全部投入。

投资者建仓过程中，如果行情发生变化导致多头排列的形态失败，就说明这是一个无效的信号。此时投资者应该不再继续投入资金。对于已经投入的资金，也应该尽快卖出规避风险。

福日电子日 K 线如图 9-12 所示。

如图 9-12 所示，2014 年 10 月底，福日电子（600203）的 5 日均线连续突破 10 日均线和 30 日均线。此时该股的多头排列已经具备雏

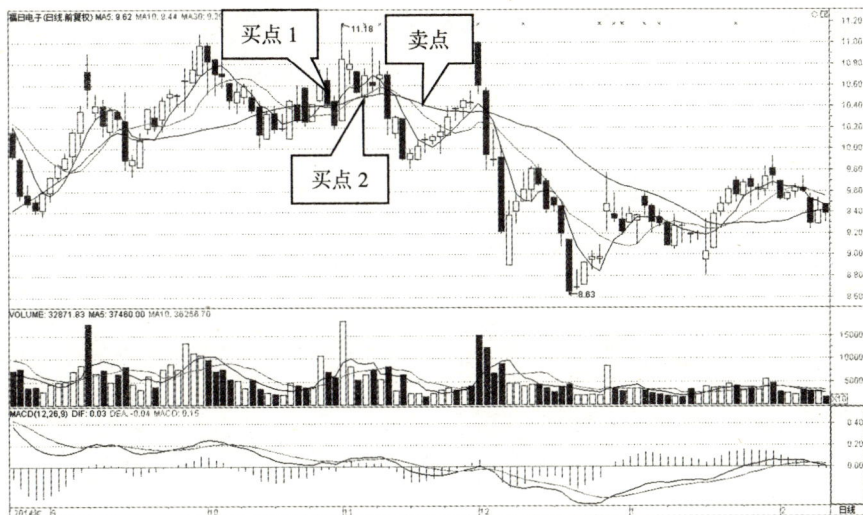

图 9-12 福日电子日 K 线

形，投资者可以建立部分仓位。

随后，10 日均线又突破 30 日均线。此时多头排列已经完成。看到这样的形态，投资者可以继续加仓买入。

随后，三条均线形成多头排列后并没有持续向上发散，而是逐渐下跌，又形成了空头排列形态。这样的形态说明之前的看涨形态失败。看到这样的形态，投资者不应该继续买入股票，同时还应该已经买入的股票尽快卖出，规避风险。

二、均线多头排列的减仓和加仓

在股价持续上涨过程中，均线会形成多头排列并持续向上发散。随后当股价上涨遇阻时，均线的多头排列形态也会被破坏。此时短期均线和中期均线可能会纠缠在一起。看到这样的形态时，说明股价上涨遇到了巨大阻力，有见顶下跌的可能，此时投资者应该适当减仓。不过只要这两条均线没有跌破长期均线，就说明整体的上涨趋势仍在继续。投资者不必完全清仓卖出。

随后，当短期均线和中期均线纠缠结束后形成金叉并继续发散上涨时，说明该股的上涨趋势继续。此时投资者可以将原来卖出的股票买回，继续持股待涨。

兆日科技日 K 线如图 9-13 所示。

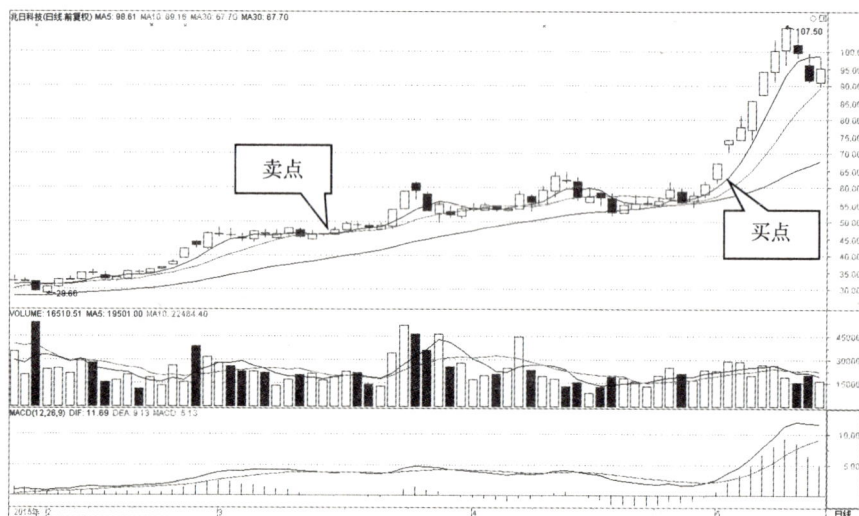

图 9-13　兆日科技日 K 线

如图 9-13 所示，2015 年 3 月，兆日科技（300333）的 5 日均线和 10 日均线反复纠缠，破坏了之前持续的多头排列形态。这样的形态说明股价上涨受阻。此时投资者应该先卖出部分股票，保留一定仓位继续观望。

4 月底，5 日均线和 10 日均线经过长时间纠缠后，并没有跌破 30 日均线，而是形成金叉继续向上发散。这是上涨行情还将继续的信号。看到这个信号，投资者可以积极加仓，将之前卖出的股票买回，继续持有。

如果短期均线和中期均线经过反复纠缠后，先后跌破了长期均线。则说明长期的上涨趋势也已经被破坏。这样的情况下，投资者应该将手中剩余的股票全部卖出清仓。

云煤能源日 K 线如图 9-14 所示。

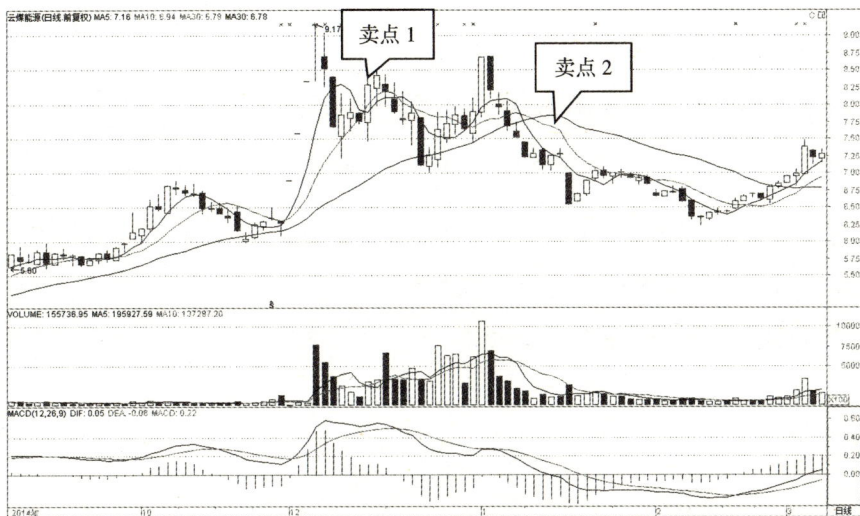

图 9-14 云煤能源日 K 线

如图 9-14 所示，2014 年 12 月，云煤能源（600792）股价上涨至高位后，其 5 日均线和 10 日均线反复纠缠在一起。这是上涨行情遇到巨大阻力的信号。此时投资者应该先将手中的股票卖出一部分。

2015 年 1 月初，5 日均线和 10 日均线先后跌破 30 日均线，三条均线组成空头排列形态。这说明该股已经进入了持续的下跌行情中。看到这样的形态，投资者应该将手中剩余的股票全部抛出。

三、均线空头排列的分笔卖出

当股价上涨到顶部遇阻时，如果均线形成了空头排列，就说明下跌行情即将开始。此时投资者应该尽快卖出股票。在卖出时，投资者可以根据空头排列的形态分笔卖出股票，防止未来股价继续上涨时造成的踏空风险。

根据空头排列分笔卖出的卖点有以下几个。

第 1 个卖点：当短期均线连续跌破中期均线和长期均线形成死叉

时，说明均线有组成空头排列的趋势。这样的情况下，投资者应该先抛出一部分股票，降低仓位。

第 2 个卖点：当中期均线也跌破长期均线形成死叉时，标志着空头排列最终完成，此时投资者应该继续抛出股票减仓。

第 3 个卖点：三个死叉都形成后，如果三条均线组成空头排列形态并持续向下发散，则说明下跌趋势已经完全确认。这样的情况下，投资者应该尽快将手中剩余的股票全部抛出清仓。

豫金刚石日 K 线如图 9-15 所示。

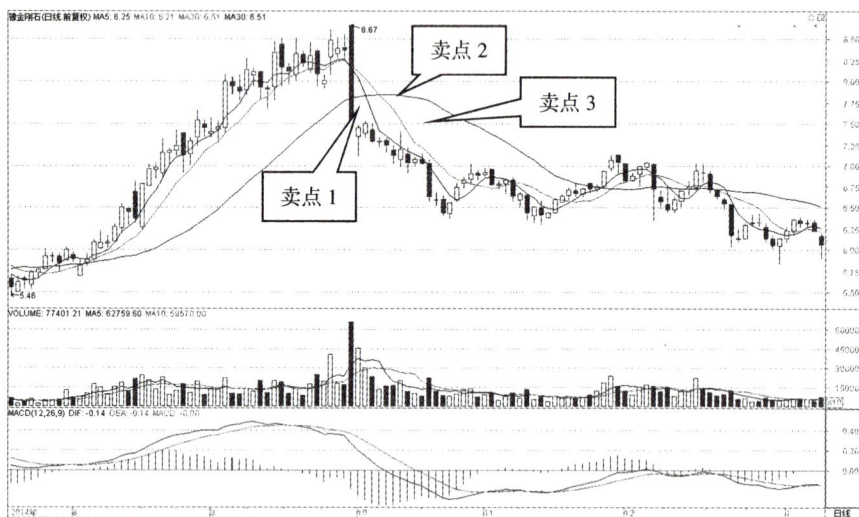

图 9-15　豫金刚石日 K 线

如图 9-15 所示，2014 年 9 月底，豫金刚石（300064）股价上涨至高位后迅速下跌，5 日均线连续跌破了 10 日均线和 30 日均线。此时空头排列已经具备雏形，投资者应该先抛出部分股票，降低仓位。

随后，该股的 10 日均线也跌破 30 日均线，空头排列完成。此时投资者应该继续抛出股票。

三条均线组成空头排列后，持续向下发散。这是下跌趋势已经完全确认的信号。看到这个信号，投资者应该将手中的剩余的股票全部抛出。

参考文献

［1］周家勋. 均线之歌：股市均线技术 ［M］. 北京：中国科学技术出版社，2009.

［2］奋斗. 操盘赢家①——图解均线操盘口诀 ［M］. 广州：广东省出版集团，2011.

［3］邱立波. 均线技术分析 ［M］. 北京：中国宇航出版社，2013.